人生路徑隨時校準

與你的靈魂對齊，宇宙傳訊不漏接
預知自己和他人的未來走向

READ LIFE ACCURATELY

RECOGNIZE AND RESPOND TO WHAT'S REALLY HAPPENING

桑妮雅．喬凱特 著　范章庭 譯
SONIA CHOQUETTE

目錄

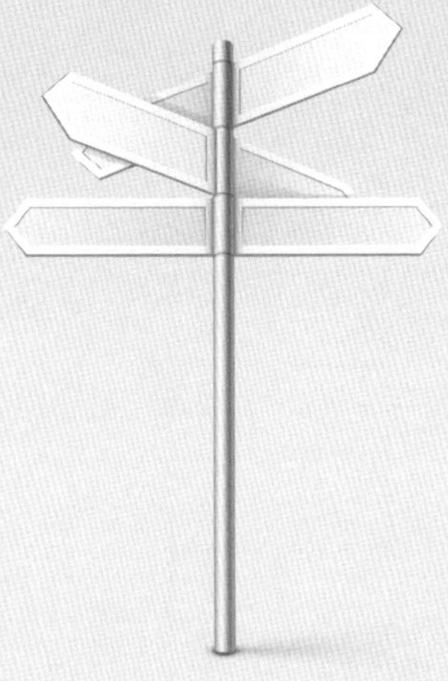

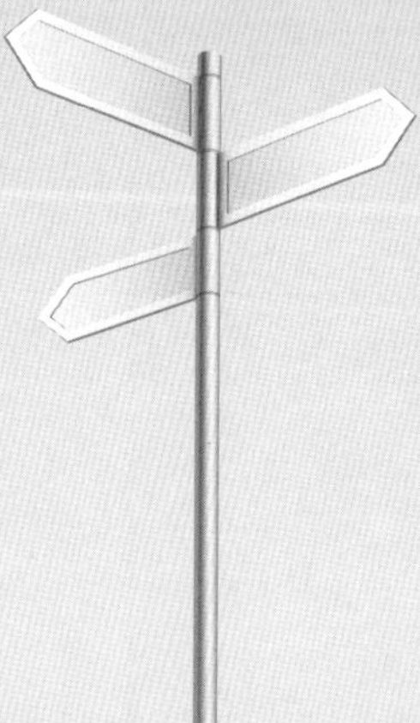

12 精準解讀他人 185

13 精準解讀他人的技巧 206

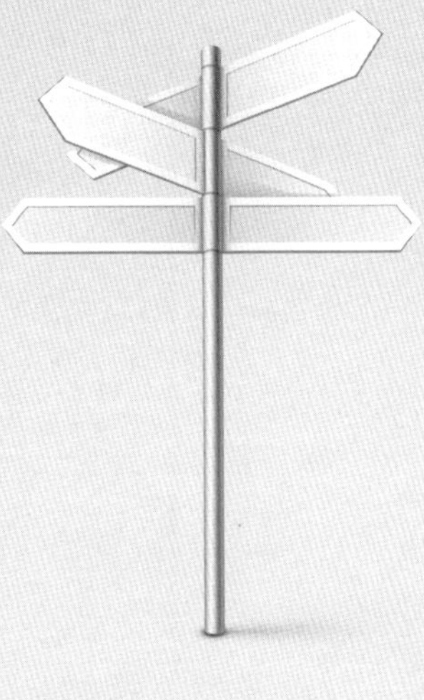

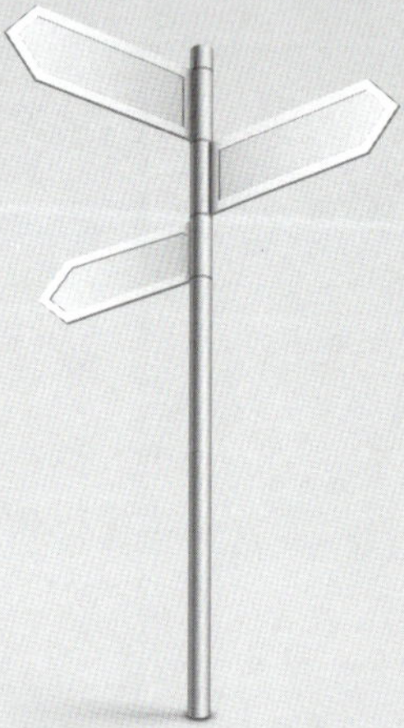

【前言】

信任你的感知，成為自己人生的解讀者

我叫做桑妮雅．喬凱特，數十載以來，以直覺來解讀人生是我的天職。意思就是，我能夠感知肉眼看不見的事物，感知物質世界沒有實證的事物，感知未被揭祕的過去或是預測未來。也就是說，我運用自己所有的感知能力，無論是內在感應還是外在感知能力，來讀懂能量的運作法則，解讀實際發生在我們生活中的事物。

常常有人問我：「你什麼時候發現自己有這種天賦？」也常被問道：「你什麼時候開發了這個奇怪的能力，讓你可以看見一般人看不見的事物？」答案是，我眞的不記得我什麼時候開始可以解讀人生。這不過是我一直以來都有的能力！而且我也不是家族裡唯一一位有這種能力的人。我有六位兄弟姊妹，母親是具有藝術家性格、奔放、直覺力又強的羅馬尼亞裔，父親則穩重踏實、言行一致、令人信賴。解讀人生不過是我的家庭日常。父母教導我們不能只看事情的表面，要注意周遭的能量和振動頻率；教導我們要感知那些看不見、無法言說、未被揭發的隱藏面向；並且教導我們要探究事件的核心眞相。

我隨時都能解讀人生，而我的兄弟姊妹也都能隨時解讀人生。然而，當我六、七歲左右開始上學後，我驚訝地發現，不是每個人都跟我一樣能輕鬆感知明顯到不行的能量，彷彿我們活在兩個不同的宇宙裡，互相認爲對方才是怪胎。

跟其他同學不同，我能夠輕而易舉地讀懂老師。我會知道他們是否心情不好，也知道他們的不開心與課堂發生的事情無關。當老師一走進教室，我就知道等一下是否要考試，知道老師當天是否幽默風趣，課堂氣氛和樂融融，還是脾氣易怒，不想搭理我們，於是我便能早做準備，順應老師的心情。

解讀人生是我們家庭的主要生活方式。在電話、電腦和其他科技產品的發明讓我們與現實脫節之前，我們最喜歡互相比賽，看看誰解讀生活的能力最佳。當時，我們活在沒有任何濾鏡的現實世界。每週日，我們七個小孩會擠進父母的車裡，全家人一起到我在美國科羅拉多州長大的山裡野餐。由於路程遙遠，我的父母，尤其是母親爲了讓我們在車上不會無聊，就會要我們猜猜哪種顏色的車會先抵達下一個紅綠燈，或是對向來車是哪一種顏色，又或者要我們感應哪邊會有最棒的停車位等等諸如此類的遊戲。我們會感應能量和振動頻率，專注周遭的跡象和徵兆，尋找答案的線索。這好玩極了！這樣的童年遊戲讓我們都變得擅於解讀人生，亦即判斷事情的「眞實」狀況。

接收徵兆，遵其而行

雖然解讀人生帶來很多樂趣，但我一直有個困惑：那些無法解讀人生的人要怎麼過生活？你怎麼能與周遭環境的能量斷聯？倘若外界傳遞給你的能量和徵兆都可以被你無視，你又怎麼能確保自己的人身安全呢？倘若你不去回應、甚至不去接收這些再清楚不過的跡象或徵兆，不去感知他人的能量、不去感應流動在你周圍的生命能量，你又怎麼能與外界建立連結，甚或是在生活中找到人生的方向呢？這就如同你一個人在深夜闖入叢林，沒攜帶手電筒，也沒有任何保護自己的工具。換句話說，你是把自己暴露在危險之中。我認爲遵循我的內在指引，如同聆聽我的外在感知一樣重要。我無法只依靠單一感知而活。

起初，解讀人生對我來說只是個遊戲而已。後來，我在很年輕時有一次從學校走路返家，發現解讀人生對我的生命安全來說太重要了。當時約莫下午四點，走在返家的路上，我的內心突然對前方有一種不祥的感覺。這大約是我第一次必須得下定決心，是要聆聽我感應到的不安能量，還是無視內心的不安，因爲我還是得回家，而我當下走的路是最快到家的一條路。當時天色漸暗，而我孤身一人。我平時走的這條路突然讓我不安，我當下不知所措。

我第一次無視內心的不安與心理壓力，徑直往前，儘管內在的感應明確警告我不要再往前，內心的矛盾也越來越劇烈，劇烈到我覺得自己要分裂了，如同我背叛了自己的感應，所以我做好了最壞的打算。我繼續往前走，運用感應力掃描外在的環境。周遭的能量對我來說都滿正常的。我沒有感應到任何危險的跡象，而正當我轉了一個彎要走上回家的街道時，一隻狗突然向我暴衝過來，對著我齜牙咧嘴。每當我邁出步伐要逃開，牠都把我逼到角落、向我撲來。我嚇得無法動彈，只能撕心裂肺地尖叫求救，但周圍並沒有任何人。

這就是我不該繼續走這條路的原因。我爲什麼不早點聽從內在感應呢？我嚇壞了，呆站原地，直到有位男士剛好開車經過，注意到角落的我和那隻狗。謝天謝地，他立刻下車幫我驅趕那隻狗，可是那隻狗也不是好對付的。牠根本瘋了！

這位男士護送我上車，開車載我回家——這又是另一個危險！這個事件讓我學到重要的一課。我再也不會無視感應到或解讀到的能量和徵兆了！

我的通靈人生歷程

儘管解讀人生是我和兄弟姊妹的日常生活，而我的好勝心很強，我想要成爲最厲害的那一個。很快地，我成功了。我的口碑越來越好，因此鄰居都來找我，想要我爲他們解讀。一開始滿好玩的，但我很快就發現這件事變得沒那麼有樂趣，跟我起初預想的不一樣。爲他人通靈解讀的過程讓我感到困惑不解。

我看到那麼多人活得不開心，他們並沒有活出最棒的人生，也沒有做出能讓自己眞正快樂的選擇。我猶記得第一次了解這件事時，我才十二歲。我的隔壁鄰居瑞克告訴我，他跟老闆提過我會通靈，因此老闆想要馬上找我問事。我受寵若驚，於是答應了。當天晚上他們兩人上門找我。瑞克的老闆是位舉止優雅的中年女士，手指做了長長的紅色美甲，頂著一頭蓬鬆的黑髮，身著深棕色的粗花呢羊毛套裝。她見到我時似乎有點驚喜，不過她絲毫不浪費時間，單刀直入想要了解她有好感的一位男士。我試了，雖然我不太理解她到底想要知道什麼。

我在解讀她的過程中，感應到她散發著焦慮、急促、衝突的能量，而我從沒遇過這樣的情況。她展現出來的言行都跟她的能量頻率對不上，也無法支持她活出自我。她不斷問我這個男人是否愛她。我不太敢回答，因爲她讓我有一種被迫要說「是」的感覺，而我感應到的答案是「否」。事實上，她口中的男人並不那麼在意她，只是我不敢說出眞相。她不斷咄咄逼人：「告訴我你看到什麼？他愛我嗎？我可以相信他嗎？」

我越是思考她的問題，便越感應到她不值得信任。**她**才是不誠實的那個人。她整個人都讓我很不舒服，我也不知道該怎麼結束這個情況。最後我受不了了，只能說出：「你該回家了。你問的這個人不適合你，所以你需要回家了。」

這是我當下能做的了。她很生氣，便匆匆離開。她離開之後，瑞克馬上又回來告訴我，我的答案讓她不爽，而且她問的那個男人並不是她的丈夫。當時的我從未聽說過婚外情或對伴侶不忠的人，難怪我當下無法理解她的問題。

後續還有更震驚的事。兩天後瑞克到我家跟我說：「你那時叫我老闆回家，她沒聽進去。她去見了對方，他們倆相處的時候，她的孩子在家中想要煮晚餐，不小心引發火災，孩子受了很嚴重的傷。」

這個消息震撼了我，我暗下決心不再將通靈視爲只是娛樂而已。我需要更了解我的能力和生活。我爲什麼有能力解讀人生，而其他人不行？我爲什麼解讀到的常常是悲劇？我的能力所及究竟爲何？

沒過多久，我開始跟隨一位靈性導師學習，他叫做查理・古德曼（Charlie Goodman），是英國的神智學家和通靈者。他熟稔解讀人生的超凡技巧。只要握著物品，他就能感應到物品來自何處，並敘述出物品的主人是誰。他只要手持信件抵著額頭，便能感應出誰寫了這封信、信件內容、信件從哪裡寄來。他只要閉上雙眼，便能看見圍繞在對方身上的氣場，他會憑此來感應對方的健康狀態。他能在冥想狀態中解讀對方的能量，跨越空間距離洞察對方的整體生活情況、事業與職業狀態。他是我最初的老師，教導了我這些通靈技術。

幾年之後，我又跟另一位形上學大師學習，也就是特蘭頓．塔利博士（Dr. Trenton Tully），他教導我這個宇宙的運作法則。他教導了我，我們的念頭會創造生活實相。因此，我們並非只是解讀眼前感受到的能量，我們也同時創造出自己感應到的能量，並與他人的能量產生交流。有了老師指導後的歲月裡，我學會了喚醒所有的感官，鍛鍊每一種外在和內在感官，並運用這些能力感應我內在的狀態與周圍的情況。最重要的是，我也了解到我們不單單只是肉體凡胎，而是具有靈性的存有，在物質世界投生爲人，開創我們渴望活出的人生。

跟隨老師學習的日子裡，我甚至也了解到，人體的皮膚可以感應到能量，耳朵能聽到遠超出聲音範圍的振動。更重要的是，我了解到我們所接收到的資訊，不僅來自於人體的五感：眼、耳、鼻、舌、身，也來自其他內在感官。我很幸運，因爲我從小就知道我們不只有五種感官而已，所以我早就接受我們至少有六種感官的這項事實。我後來理解到，所謂的第六感是複合式的內在感官，由靈視力（內在視覺）、靈聽力（聽見聲音範圍以外的振動）、超感應力（感應到振動頻率）、超感知力（清楚的內在知曉）組成。第六感包括這些細微的內在感知能力，與外在的感官一起指引著我們的生活。第六感能協助我們忠於眞實的自我，並引領我們做出有意義的決策，與外在建立連結、擁有歸屬感和安全感，這些則是外在五感難以賦予的感受。

驅動內在感官的力量來自神聖的靈魂。體內湧動的感應會保護我們遠離危險，並與靈魂校準，協助我們遵從靈魂的優先順序。內心的覺知會引領我們與萬事萬物校準，讓我們的精神得到昇華，協助我們發揮創意並活出眞實的自我。

以最好的自己迎接生活

分別跟隨了兩位大師學習後，我的人生路徑變得清晰明確。歷經多年爲他人通靈解讀的時光，我明瞭到我該做的不只是幫人通靈而已。我今生的使命是教導人們自己通靈，解讀自己的人生。從此，我便開啓了長達五十年的人生使命，投身教學。

猶記得第一次教學時，我那時太過天眞。我沒有任何教學經驗，但我一心想著要讓來找我的學生有所成長。我的第一次通靈課程裡有位名叫愛麗絲的女士，她之前每半年會來找我通靈一次，持續了兩年。另一位學生則是她的哥哥，弗雷德，是一名卡車司機，每兩週會從堪薩斯州來丹佛市送貨。第三位學生則是弗雷德在丹佛市的祕密情人，安涅特（我還是不太懂這層關係）。我們約定好隔週上課，持續了幾個月。那段時光裡，我教導他們我所會的一切：內觀自己、仔細覺察周圍的世界、鍛鍊感知及專注當下、觀照內在與外在的感受。後來，他們都學會了！課程結業之前，我也分享了我學過的宇宙法則，鼓勵他們運用新開發的技能，活出渴望的人生。

比起十六歲前規劃的人生，教導通靈對我和他們來說都是一段美好的經歷，讓我明瞭這就是我此生的使命。從那時起，我便開始了活出天命的生命旅程。但是，迎接我的是針對毅力的考驗，遠遠沒有我預想的那樣輕鬆。

跟第一次教學的經驗不同，我並沒有被積極且早已準備好學習通靈的學生簇擁。相反的，我看見了人們的質疑、不信任、莫名的恐懼、抗拒、迷信，這些感受與信念包圍了人們生來完美的內在導航系統。我感到震驚與挫折。儘管如此，我依然堅定不移地前行。如果內在導航系統被遮蔽了一半，又要怎麼生存下去呢？我必須堅持下去。

我走遍世界各地進行教學，也不斷撰寫著作、實踐天命，儘管過程中遭遇到許多阻力與冷眼。直到新冠肺炎疫情爆發了。剎那間，全世界都被病毒肆虐，沒有一個政府單位能夠告訴我們（甚至也不知道）接下來該怎麼辦。正當各國科學家努力研究這頭突如其來的猛獸時，對於如何保護我們自己，各方意見爭論不休，整個世界混亂不已。

毫不意外地，多數人看待這混亂的疫情時，普遍認爲這場疫情是一夕之間的覺醒，喚醒沉睡在無數人心靈的內在感應，因爲內在感應突然變得如此重要。大家的態度有了一百八十度大轉變。我不再像之前一樣遇到那麼多反對、白眼與嘲笑、輕蔑的假笑。相反的，人們會主動尋求我的協助，想知道如何儘快鍛鍊突然覺醒的內在感知。別人看待我的態度從「我才不相信這些怪力亂神！」，變成「我現在要怎麼做才能讓奇怪的感應更準確？」

多數人對於直覺的看法有了轉變，恰好象徵著重要的轉變。這也正是我撰寫本書的原因。我過往的著作主要是讓讀者相信內在感官眞的存在，然而本書《人生路徑隨時校準》則直接深入探討如何鍛鍊內在與外在感官，在生活中立即運用。本書達成了我五十年來的目標，幫助人們擁抱並快速運用所有的感知能力，擁有踏實的心靈、迎接無數機會、舒緩壓力與焦慮、提升創造力、收穫豐盛、享受內在平靜。

本書不只是一本書那麼簡單。本書是實用的指南，協助你解鎖全部的天賦，活出明晰且有目標的人生。只有準確地解讀人生，才能活出這樣的人生。因爲人生的解讀者，其實是能夠同時運用外在與內在感知的人，能夠善用左腦與右腦，並用大腦、心靈、靈魂來辨識及回應生活中**實際**發生的事情——至少，優秀的人生解讀者能夠做到上述的每件事。然而，解讀人生不僅僅只是相信直覺而已。

我教導學生解讀人生已經五十多年了，有許多人仍舊會在做決定時，掙扎著不知道該不該遵循內在指引。儘管他們知道自己擁有第六感，也能夠接收內在指引，卻依然會心生懷疑、猶豫不決，害怕運用心靈感應，這導致了他們做決定時綁手綁腳。

解讀人生不只是將注意力放在周圍的世界或啓動內在感知而已；解讀人生是信任你的感知，憑藉這些細微但精準的感應而行，拋開任何猶豫或質疑。能夠解讀人生的人並非「靈性圈」專屬，他們也並非全都是靈氣療癒師或靈媒。各行各業、不同背景的人們，日日夜夜都在解讀人生。解讀人生並非怪力亂神的詭異行爲，也並不需要獨特天賦才能做到。任何人都可以覺醒解讀人生的能力，只要願意注意內在訊息、將意識放在當下，並在能量層面上辨識出可靠的訊息，讓這些訊息引導你、賦予你力量。

希望你能將本書中的故事及技巧運用在你此刻的生活中，快速啓動你的能力，讀懂你的人生路標。我會在書中教你如何鍛鍊和運用所有的感官，無論是內在還是外在感官，並徹底活出你強大的靈魂本質。運用所有感知、擁抱神聖本質後，你自然而然便能活出眞實的使命，在生活中做出最好的決定，創造你的美好人生！

【第一部】

解讀人生
何以改變你的生命？

第1章
何為「解讀人生」？

「解讀人生」這個說法常用來表示注意某件事情當下的微小跡象，意味著觀察某個事件、團體或人物的感受、態度、變化，並運用直覺感應來理解實際上發生的事。舉例來說，如果你在某個空間中要某人「讀空氣」（read the room），對方馬上就能理解你是在講要觀察在場所有人的能量或空間的「氛圍」，而不是眞的閱讀空間裡的物體。他們知道你是要他們觀察交談時的語氣、每個人的情緒，以及整體的氛圍。如果你說「我可以讀懂她的心」，人們通常也會知道你關注的不是對方口中的話語，而是對方沒說出來的意圖和言外之意。況且，幾乎所有人都會在繁忙的週六午後，在超市試圖「解讀停車場」，因爲空的停車位寥寥可數。這是我們在生活中會有的本能行爲——至少一部分的人會這樣做。

大多數人天生具備一定程度的洞察力，因爲事實上，我們的五感並不足以讓我們全面掌握所有資訊，而僅憑負責分析的左腦也無法完全引領我們的生活，因爲它無法捕捉周圍人的情緒、語調、感受、動態與精神層面的流動。左腦能夠讓你知道對方來自某個特定文化，知道對方的生活習慣、政治立場、家族傳統。然而，左腦無法告訴你對方的價值觀、情感特質、希望、夢想、天賦、渴望、需求與熱情。你的左腦可能可以分析上週的商業市場情況，卻無法預測下週的狀況。我們的外在五感可能可以分析出導致此刻事情發生的成因，但也僅止於此而已。我們能夠針對某種可預期的未來，投射出我們的期待（假設事情不會變化的話）。但如你所知，現今的世界千變萬化，任何假設通常只不過是隨意猜測。萬事萬物瞬息萬變，我們無法單單依靠左腦來指引我們的生活。運用內在感知來解讀生活中的隱匿跡象，恰好能填補缺失的部分。

更重要的是，解讀人生的能力實乃將我們的內在感知、靈魂、超越時間的自我，整合進日常生活中，同時信任自己的感知能引導我們活出更有意義、更有成就感、更有歸屬感的人生。解讀人生就是揭開生命的面紗。

幸好，我們逐漸改變認知，不再認爲人類只是活在物質世界中具備五種感官的肉體而已。第六感靈敏的人都知道這點。他們知道人的能量就跟肉體和物質世界一樣眞實存在。

解讀人生在於流暢自在地傾聽自我的其他面向，我們便能自動接收到更多訊息，不再只有仰賴單邊大腦在思考運作。

成爲人生的解讀家，意味著能夠辨別出我們具備不同層面的自我，一如著名美國作家與詩人惠特曼（Walt Whitman）在名詩〈自我之歌〉（Songs of Myself）中所述。引領我們度過生命的指引來自各處且各司其職。

科學支持

關於解讀人生，我最喜歡的解釋來自愛因斯坦說過的一句話：「直覺敏銳的靈魂是神聖的禮物，理性的心智則是忠誠的僕人。很遺憾地，我們卻拋棄了禮物，成了僕人的奴僕。」

愛因斯坦指出，我們過度仰賴邏輯和理性，卻忽略了身而爲人的精神層面及內在指引。當理性思考先於內在的神聖心靈，我們就成了理智的奴僕，與眞實的自我脫鉤，導致我們受困在有限的感知裡，無法全然理解自我、他人與生命。

好險，我們正跳脫這種過時的思維，不再僅僅仰賴以左腦主導的有限觀點來理解自我。科學家如今也在探索量子領域，量子學認爲我們不僅只是受限於單一位置的物理實體，我們更是純粹、無限的意識，能夠感知超越物質領域的事物並與之互動，甚至創造。有了許多神經解剖學家的幫助，例如吉兒．泰勒（Jill Bolte Taylor）在她的曠世著作《奇蹟》（*My Stroke of Insight*）中提到，我們逐漸了解左腦關注的是眼前有形的環境，而右腦則關注更無垠且精微的精神層面。

在意識科學的領域裡，每一天都有驚人的科學突破。生物學家米勒（William B. Miller）及一部分科學家與研究員，在近期提出革命性的觀點，他們在共同執筆的著作《知覺細胞》（*The Sentient Cell*）中提及，組成肉體的三十七兆細胞具有完整的意識交流能力，使大腦能夠與心臟、腸胃、乃至與皮膚交流，也能與周圍的世界交流。

越來越多人明瞭到，人類是有神聖意識的存有，我們超越了非恆常的小我的侷限，並將我們永恆的靈性、神聖本質重新整合起來，與現實世界交織。換句話說，作爲跨越多重次元的存有，我們的意識專注於當下時，就能聚焦於感知和回應不同層面的精微能量。我們這些能通靈解讀生活的人，就是最好的鐵證。

人生的解讀者無處不在

在我們之中，能夠解讀人生的人到底是誰？這些人遍布各領域，有醫生、業務員、教師、科學家以及父母；他們是治療師、員警、企業家、藝術家和創作者。事實上，我們天生都具備這個能力，而多數人對於很在意的事情，有時候會突然浮現直覺感應。若是我們在生活中發揮精準的解讀力，便能在各自的領域中發揮創意、精益求精。

能夠感應市場波動的證券經紀人通常都能名利雙收，因爲他們能精確感知到市場趨勢，並靠此做出投資的決策。成功的證券經紀人通常也能感覺到天氣的變化模式、人類行為模式，察覺出人們在未來的需求，幫助他們致力於活出有餘裕的美好人生。股神巴菲特正是美國著名的投資理財解讀專家。

在街上守護市民安全的員警通常也擅長解讀人生。這些人民的公僕會照看、觀察、聆聽、感知出隱藏在市容表面下的真實情況。其中能力最佳的員警也知道市民並不是需要他們控制、管理、警告、管控的「東西」，而是支持、保護、尊敬、共同打造安全社區的人民。可惜，不是每一位守護社區安全的警察都會解讀人生，但是最優秀的員警一定有這個能力。

善於了解潛在客戶的業務員與銷售人員，不會只在乎自己要賣什麼商品，而是在乎客戶的需求，專注於打動客戶心房。我有位朋友叫做拉盧卡，她是女性時裝的金牌銷售。她能夠立刻讀懂客戶的需求，並馬上就知道哪些衣服穿在客戶身上能讓客戶神采飛揚。她憑藉精準的解讀力，靠業績獎金賺得盆滿缽滿。客戶愛死她了，無論她去哪裡工作，客戶都跟著她跑，因為她真的很厲害。我知道，因為我就是其中一位客戶。

高階管理顧問能夠迅速讀懂客戶的職涯發展，迅速判斷出哪些因素對客戶有利而哪些不利，哪些因素阻礙了職涯發展或妨礙職涯進步，並及時幫助客戶移開職涯中的障礙，協助客戶持續成長。

能夠解讀人生的科學家則是研究領域的先鋒，他們能取得科學突破，因爲他們敢於挑戰既有假設，不單純只是仰賴之前的研究評估和數據，而是同時遵循直覺和靈感，探索新的觀點。許多頂尖科學家都欣然承認，他們最重大的研究突破，很多都源自於靈光一現，而非來自機器計算出來的數據資料。

經驗老道的精神科醫生與聰穎過人的心理學家，往往都是厲害的人生解讀家，他們能迅速看透人們的痛苦，挖掘出導致痛苦的根本成因，便能根據眞實原因來治療，而不是跟一般的醫生一樣開一些無效的藥物給病患服用。

觀察敏銳的醫生能夠精準解讀病患，他們看見的不只是需要被治療的身體病症，而是能看見眼前受苦的人。這讓我想起幾年前指導過的一位醫生。她是癌症醫師，專業領域是乳癌。她跟我分享了一則故事，她的一位患者有嚴重的乳癌，但未經治療。這位患者是緬甸難民，沒有任何資源可以就醫，導致半邊乳房和胸口都被癌細胞吞噬。雖然患者不通英語，我的客戶也感應到這位女性患者有多渴望活下來，因爲她有一位九歲的兒子還需要她。她在醫院的同事建議進行根除性切除手術，並堅持只有切除乳房，患者才能生存下來。然而，我的客戶有不同的看法：她看見的不只是患者身上極爲嚴重的症狀，也看見了患者的心靈與整體情況，包括患者所需要的情感支持。她知道患者太脆弱了，無法撐過這樣的手術。

她信任自己的判斷，拒絕手術，並說：「我會用全人醫療的方式治療她，因爲手術肯定會害死她。」她的堅持導致她與同事們爭論不休，不過我的客戶願意承擔風險，拒絕用傳統的西方醫學來治療患者的乳癌。反之，她耗時數月細心照料患者的身心，使用微量藥物，採用自然療法，注意患者的飲食營養，提供按摩放鬆，患者的癌症症狀奇蹟似地減輕了。這個成果在她的預料之內。

出於各種原因，現在的家長比以往更需要精準解讀小孩的狀態。如今孩子的生活面臨著多種威脅，諸如槍械彈藥、藥物成癮、校園霸凌、網路暴力，這些情況都是地球上許多國家面臨的現實困境。準確解讀小孩的狀態，能協助你確認小孩安然無恙面對這些挑戰，尤其是青少年在校園中容易遭受極端的心理壓力與潛在危險。

有位單親父親最近哀嘆，他把所有的時間花在培訓企業老闆，卻忽略了眼皮底下的十五歲女兒發生了什麼事。他沒能發現女兒的狀況，也無法置信。儘管他回想起來，女兒的確有好幾次都想跟他訴苦。當他忙著訓練大客戶時，女兒默默忍受痛苦，並因社群媒體的壓力和網路霸凌而患上飲食失調。跟學校和網路上其他女生比起來，她達不到虛假、不切實際的外貌標準，導致她覺得自己不夠好、無法接受自己、否定自己、低落沮喪。

年僅十五歲的女孩跟父親說自己「不太好」，但無法用言語表達事情的嚴重性。他忽略了女兒的求救訊號，而是好心但沒什麼用地安慰女兒：「沒事的，你很棒。要相信自己。」他沒注意到女兒日漸消瘦。接下來他知道的，就是女兒因爲自殘被送進了醫院。到此地步，他才注意到女兒的狀況，頓時震驚不已、焦慮不安。「我的女兒怎麼會發生這種事？我明明跟她很親近啊！」他不斷反思。他沒意識到他已經好久沒有仔細觀察女兒了。他並沒有運用所有的感官來好好觀察女兒的實際情況，因爲工作讓他分身乏術。女兒出院後，他便將女兒送去在大自然中的特殊康復營，並進行一連串的治療。耗時一年，他的女兒才脫離科技成癮，重新建立與身心的連結，重新開始愛自己。然而，他們父女之間又再花了點時間才重新修復關係。

我必須再度強調，父母一定要準確地觀察孩子的狀態，協助孩子在這充斥著社會壓力的複雜世界裡前行。雖然這樣講很讓人惶恐，但這是事實。

我們也不能忽略準確觀察親密關係的重要性。我們可能以爲自己有認眞解讀伴侶的狀態，以爲自己做得很好，但實際上多數人都做得很失敗。這是因爲多數人都習慣將自身的期待投射到伴侶身上，投射出天眞的浪漫濾鏡，卻沒有看清楚對方眞正的樣子。當我們看見對方眞實的本質後（我們終究會看見的），都會嚇一跳，因爲我們才突然發現，原來對方跟自己以爲的那個人截然不同。

我有一位客戶最近才跟我說，她跟丈夫結婚十四年了，才發現丈夫是男同志。她從丈夫忘在桌面上的手機裡發現了男同志的交友軟體，她震驚到不行。她哀嘆道：「他怎麼能藏得這麼深？」她覺得自己被背叛了。奇怪的是，多年前在他們要結婚之前，我就提醒過這件事，當時她反而勃然大怒。我輕輕提醒了她，我提過這件事，但是她怎樣都不記得我們當初有過這段對話。而現在，她必須看見真相並接受事實。當我們的感知沒有被幻覺、妄想和投射遮蔽，便能清晰地看清楚對方的眞實樣子，也不會有錯覺帶來的驚訝。這才是能夠長久維持的關係，也才是我們都想要擁有的關係。

對抗肆虐的孤獨

啓發我想要撰寫此書的另一項原因，是因爲我發現了我們面臨到一項嚴重且不斷擴大的問題：孤獨。如果我們能精準解讀人生，首先會得到一個好處，這也是最重要的好處，亦即與自身連結，這也是療癒內在孤獨感的方式。當我聽到愛爾蘭搖滾樂團U2的經典歌曲

〈我仍未找到我在追尋的〉（I Still Haven't Found What I'm Looking For），憑藉五十年來幫人通靈、教導通靈和療癒人們內心孤獨感的經驗，我立即明瞭人們要找尋的正是自己。

只有找到內在眞實的自己，才能與他人建立眞正的連結。否則，便是困難重重。有能力準確解讀自己的人，都能夠輕鬆與對自己好的人敞開心扉。無法準確解讀自己的人，通常在人際關係中會變得疏離、舉步維艱、憤世嫉俗、困惑不已、失落迷惘、擔驚受怕、怨天尤人等等，最後感到孤身一人。

一旦我們好好運用所有感官，在生活中聆聽心靈的聲音，包括外在與內在感官、左腦與右腦、主導分析的大腦與敏銳的心靈，並讓與生俱來的高層次意識系統引領我們，孤獨感便會消退，取而代之的則會是歸屬感。這是因爲我們都還未承認一個眞相，亦即我們每一個人都相互連結、屬於彼此。低層次的小我並不相信高層次靈魂所看見的眞相。

爲了達到更高層次、更平靜的認知層次，我們必須停止忽略自我，不再與自己爭鬥，不懷疑自己，不攻擊自己，不放棄自己，不再麻木自己，也不再否認內在的知曉。只要我們發覺並開始關注內在與外在感官，並察覺到周遭**眞正**的狀況，便能看見並選擇踏上符合靈魂渴望的人生道路，其餘的便不再重要。這是療癒內在孤獨感的方法，從與自己建立眞實的連結開始。

第2章
你現在多會解讀人生？

先做個小測驗

在繼續深入探討之前，我們先來檢測一下，了解你的人生解讀力在哪個程度。我的實務經驗告訴我，通常我們比自己想像的還要會解讀人生。然而，我們必須改變自己的認知和信念，才能騰出空間留給洞見和直覺，便能將之融合進我們的生活中，讓這些與生俱來的資源賦予我們力量。

所以，我爲此事先準備了小測驗。我會提出幾個需要你思考的問題，你可以寫下你的答案。如果答案是「通常」，就給自己一分。如果是「有時候」，就給自己兩分。如果是「很少」，就給自己三分。透過測驗檢查一下自己，但作答時不要想太多。相信你的第一直覺，因爲那常常是最準確的答案。

1. 我可以立刻感應到對方是否真誠或誠實，而我也可以根據感應到的結果做出相應的反應。
2. 我能馬上感應到別人的情緒狀態，儘管他們把情緒壓得很深，擠出微笑說「我沒事」。
3. 我常常都能在車水馬龍的市區或週末下午的停車場，甚至是繁忙的交通尖峰期間，找到停車位。
4. 如果這個空間讓我不舒服，我會毫不猶豫地離開。
5. 在工作時，我相信自己的判斷並放膽一搏。
6. 我會敞開心胸分享自己當下的感受，不在乎別人的看法。

7. 我會積極聆聽對方說的話，並察覺出言外之意。

8. 我知道某個點子或計畫是否可行，也會提出我的看法，儘管他人認為這個計畫不好。

9. 我很幸運，總是能輕鬆吸引美好的事情。我發現自己總是在正確的時間出現在正確的地點，而且一切都水到渠成。

10. 如果我感應到有危險，我會毫不猶豫地馬上改變方向或是改變行為，甚至是離開現場。

11. 有關他人或某件事情的訊息、洞見、領悟會自動進入我的腦海，而我會據此採取行動。

12. 我的腦海會浮現重要的靈感，使我能解決問題，尤其是困難或看似難解的情況。

13. 我能實際感應到他人和周遭事物的能量。如果感應到的能量讓我不喜歡，我會離開現場；如果我喜歡感應到的能量，我會進一步連結這股能量。

14. 如果我感應到對方不正直也不誠實，我會說出口，就算對方認為我錯了或「瘋了」。

15. 我能自信滿滿地追逐自己的夢想、內在的熱情、靈感和我想要的事物。

16. 儘管我已經承諾要進行某件事情，但如果我的內在感應或是外在感知提醒我要改變，我就會順應而為。

17. 我能解讀出對方的言外之意，我也相信我解讀出來的訊息，也信任我的感知。

18. 我能讀懂字裡行間的意思，並察覺到更深一層的含義和背後動機。

19. 走進一個空間時，我能輕易讀取出空間的能量。我能夠掃描、判斷、確認並察覺空間的氛圍和能量狀態。

20. 出外旅行或處在新的環境時，我能夠輕鬆找到好餐廳或好的地點，並且遇到好人。

檢視測驗的分數

現在，將你的分數加總起來（通常是一分，有時候是兩分，很少是三分）。

如果你的分數低於二十六分或剛好二十六分，恭喜你——你具有解讀人生的天賦！你運用了所有感官。只要透過我在書中提到的技巧、建議和鼓勵，你就能加強你的通靈能力。你會發現生活變得更加輕鬆，會有更多人認爲你「很幸運」。

如果你的分數是二十六到四十六分，你做得很好！你有時候做得到解讀人生，但可以看出來你並不習慣相信你解讀到的訊息，或是不確定是否該根據你的直覺來採取行動。也許你的內心會跟感應到的訊息產生矛盾。也許你的信心不足，無法相信自己親身感應到的訊息。透過我在本書分享的技巧和建議，你就能放下抗拒，並以舒服自在的方式整合所有感官，增強自己的能力。你便能有更多資訊，協助你做出更好的決定，你會更有力量。更棒的是，這些練習的效果很快就會浮現。

現在，如果你的分數是四十七到六十分，可能你還不熟悉如何解讀人生。你才剛接觸這個領域，剛開始探索新的自己。因此，恭喜你——你在某種程度上也能解讀人生，否則你現在不會翻開這本書閱讀，也無法在書中與我交流了。你的解讀能力正在浮現，我希望你繼續下去。你已經準備好啓動所有感官，鍛鍊你的意識，並開發這些重要的生活技能，幫助你活得更順利。你已經準備好與自己建立更深的連結，以及與你創造的這個世界建立更深的連結。一旦你使用書中的技巧，遵循本書的建議，你會開始愛上，並且會看見自己進步神速，能夠精準解讀人生，因爲這是你作爲多重次元的存有，與生俱來的本能。我所謂的「多重次元」，指的是物質與靈魂這兩個次元。你將同時運用左腦的分析力來觀察外在世界，以及右腦的直覺力來發揮創意，探索新的可能性，並建立與生活的新連結。換句話說，你會運用到百分之百的能力：你的大腦跟心靈，也就是小我和靈魂。

無論你在這項測驗拿到幾分，請記得，生命會促使我們進化成多重次元的存有，運用所有的感官，更精準地解讀人生。當你解讀人生的準確度越高，你就會更愛自己的生活。只要你正確理解這些技巧，以正確的態度和正確的努力去練習，很快就能精通。這也是我們接下來要探討的部分。

第3章
人生解讀力是我們的天賦本能

多數人對於解讀人生這項能力，內心抱持著兩種截然不同的態度，這是有趣的現象。從古至今，世界分成兩種人。第一種人如果知道你能夠用直覺來解讀人生，會認爲你瘋了。我被人罵過「怪人」、「怪力亂神」、「瘋子」，也遭到那些左腦主導的人們嘲笑、不屑一顧、輕蔑，但現在的我已經免疫了。他們覺得我們的內在感應是假的，對這些感應毫不在乎。

第二種人往往又太過極端，會把通靈人推上神壇，這也讓人感到惶恐。我也曾經跟許多通靈人一樣，受到一群人的崇拜，這讓我很不舒服。有一群人認爲，透過直覺來解讀人生是神祕的超能力，會讓人眼睛一亮。他們並不了解，只要我們活在當下，與內心連結，靜下心來，並專注在我們所愛和在乎的事物上，就能開發出解讀人生的能力，因爲這是我們與生俱來的能力。對於第二種人來說，人生解讀家彷彿是超能力者，可以讓生活變成自己想要的樣子。第二種人通常也不是眞的想要通靈者幫他們解讀人生。他們只想要通靈者解決他們的人生。雖然通靈者讀到的洞見與訊息，可以針對生活問題提供較好的解方（畢竟這是人們尋求通靈的主要原因），但是這類信徒會天眞地以爲通靈者有能力可以用某種方式解決他們的人生，或是向信徒保證事情一定會有美好結局。這是不可能的。解讀人生的通靈者可以指導、引導、建議、教導和啓發你，通靈者能夠以這些方式提供莫大的價值。但是，通靈者無法解決他人的人生難題。每一個人都必須自己解決自己的人生問題。這也是爲何學會好好地解讀人生是多麼有用的一件事，如此，你才能獲得必要的洞見，能夠修正需要被修正的人生問題。除此之外，這也能幫助你活出最佳人生。

事實上，某些人自願將自身的力量交給通靈者，讓不當的通靈者利用客戶的天眞單純，這通常正是造成通靈被冠上罵名的原因。可惜，有些沒良心的通靈者的確會有這種行徑。他們都不是有道德的通靈者，而是操控完客戶就會落跑的騙子。你要知道，不管出於什麼原因，將自身的力量交給任何人是非常糟糕的一件事。實際上，沒有人可以眞正爲你的靈魂成長負責，我們都要爲自己的生命負責。靈魂成長正是我們的人生使命之一。

無論如何，我們都該拋棄極端和天眞的心態了。要眞正去認識內在的直覺能力，明瞭解讀人生的方式，才能在生活中掌握更多訊息，強化自己的力量。第一步就是認識宇宙的法則。基本上，我們投胎到地球，是爲了創造有意義的生活，建立連結，活出人生使命。我們具備完美的內在與外在能力，幫助我們成長：主導分析的大腦、五種身體感官、精微的內在感應、神聖的靈魂、自由意志和選擇的力量。

內在與外在感知會協助我們判斷決策，而自由意志則會做出決定。假設靈魂和眞實的自我能夠主導自由意志，我們的生活將會變得更順利。然而，若是小我在主導自由意志，生活就會變得障礙重重。解讀人生的最大要點，就是辨識你的生活是誰在主導——是你的小我還是靈魂？比起其他因素，這更會影響你的生活。

與生俱來的解讀能力

多數人沒有意識到，我們無時無刻不在解讀人生，尤其是遭遇威脅的時候。我有一天在幫某位客戶做諮詢，這位年輕男子突然說了：「我準備要跟女友分手，因爲我感應到她深藏內心的念頭，而那些都不是什麼好念頭。雖然她嘴上說愛我，說要跟我長長久久，但我內心深處確定她劈腿了。她在跟其他男生約會，跟我交往只是貪圖方便而已。」

他**的確**精準地讀出了女友的心，並相信自己感應到的訊息，做出相應的行動，藉此賦予自己力量。儘管解讀女友的動機讓他很痛苦，他仍願意做出艱難的決定，勇敢分手。因爲否定感應到的眞相，可能會讓他之後更痛苦，或許還會有財務損失。我很訝異他能清晰讀懂女友的心，而且毫不猶豫地相信自己感應到的訊息，彷彿這對他來說是世界上最自然不過的事。這的確是。

人們都以不同的方式，解讀自己的人生。舉例來說，刑警會解讀犯罪現場。當刑警踏入犯罪現場（我也曾經被邀請過），通常只能仰賴現場遺留下來的少量資訊。因此，他們都會運用所有感官來尋找隱藏的證據，藉此判斷實際的犯罪經過。一個好的刑警，取決於其是否有解讀犯罪現場的能力。

那麼，能夠解讀病患狀況的醫生呢？我這裡指的是那種卓越的醫生，他的眼中不會只有病床旁的就醫資訊，也不會只仰賴診間的病歷表，病患在他的眼中是受苦的靈魂，他會治療病患的身、心、靈，而不是單純地頭痛醫頭、腳痛醫腳。

我們的通靈解讀能力不只能用在人身上，也能解讀地點和環境。我有一位客戶想要買房，已經花了好幾個月在尋找好的物件。有一天，她打電話給我，很興奮地跟我說：「我終於找到了！我尋尋覓覓了好幾次，今天來看的這間房子，它散發的能量太棒了，我才離它三公尺，就已經確定這間是我要找的房子。」我們天生就會解讀地點，因爲地點跟人一樣，都會吸收和留存能量，地點也是我們生命中的一大部分。有時我們感應到的能量來自現場的人散發的能量，有時來自建造的人，甚至是不久之前或很久之前居住過的人。又或者，這些能量交織後，形成了這個空間或地點的能量。我無論去到哪裡，都會解讀那個地方的能量。如果我感覺到怪怪的，就不會在那個地方久待。尤其是飯店的房間。如果我不喜歡飯店房間的「氛圍」，我一定會打電話到櫃檯，要求換一間房間。飯店人員應該也見怪不怪了，因爲他們不太會拒絕我的要求，也會立刻幫我換房間。

在英文的日常用語中，都可以發現人們天生就具有解讀生活的能力。我有位客戶是一位律師，她在討論案件時很常掛在嘴邊的一句話是：「我可以看見不祥預兆」（read the writing on the wall），這代表在法官裁決之前，她早已清楚案件的走向。她也能解讀出旁人的未來。她最近跟上司開會，上司什麼都沒說，但她知道對方很快就會辭職。三天之後，上司突然辭職了。

我有另一位客戶是藥廠業務。她稀鬆平常地跟我說：「跟客戶講電話的時候，我能夠聽懂言外之意（read between the lines）。我馬上就知道對方是否眞心想要跟我合作，也知道對方是不是想要拿我不想給的回扣。就算是透過電子郵件來往，我也讀得懂言外之意。」

講到日常用語，讓我想到大眾對近期美國大選的評論。當某位候選人遙遙領先，而另一位候選人卻拒絕退選時，在社群媒體「X」（前身爲推特）上出現了大量評論：「她難道看不清形勢（read the room），不知道應該退選嗎？」成千上萬的民眾對於她硬是要參選感到不滿，但卻沒有人發問「看清形勢（read the room）是什麼意思？」

解讀人生，拿回主導權

解讀人生不只是單純注意細微線索和接收直覺而已。它是一種能力，要注意細節、運用情商、識別判斷、敏銳察覺能量和振動頻率、蒐集訊息以幫助你做出決策，並引領你的行爲。解讀人生是在有充足資訊和充滿力量的情況下，有意識地選擇如何過生活。解讀人生讓我們不再膚淺地活，不再爲他人的認可而活，不再停滯不前。解讀人生會讓你拿回人生的主導權，成爲獨立的個體，就像是你在對外宣告：「我信任我的本質、我的知曉。我信任我的感受、我所看見和感應到的。我也會百分之百地根據內在指引來行動。」

回想一下我們認識的那些可以準確解讀人生的公眾人物，回想一下他們因此爲自己和他人創造的美好人生。舉例來說，美國知名主持人歐普拉。她準確地解讀了自己的人生，儘管遭遇大量批評和反對的聲音告訴她：「你的夢想、志向和目標太可笑了。你以爲你是誰？」歐普拉無視周遭的反對，她打從一開始就知道自己是誰。她信任自己的內在感應、內在聲音，並且堅定不移地相信徵兆，走上自己的人生道路，活出人生使命。儘管她出身卑微，她卻變成全世界最有影響力的人之一！她的生活遭遇了重重難關。十四歲時懷孕，她遭遇拋棄、性侵、虐待、誤解，但這一切並沒有阻止她跟隨內心的靈魂、追求目標，這些目標不只幫助了她自己，也幫助了上百萬人活出更好的生命。

還有蘋果公司創辦人賈伯斯。他因爲準確地解讀了世界趨勢，發明了 iPhone 手機。他看見了人們對於溝通交流的需求，也比其他人更早意識到人們渴望能更方便的使用電腦，於是他將兩個需求相結合。每個人都覺得這個想法太瘋狂。儘管他人都潑他冷水，賈伯斯仍無視其他人的看法，堅持信任自己的見解，最後發明出驚人的產品，改變了這個世界。直到今天，iPhone 仍是公認的通訊設備霸主。

我還可以列出更多優秀的人生解讀者，他們藉此活出美好人生。事實上，在任何領域取得重大成功的人，通常都會將自己的成功，或至少將一部分成功，歸功於信任內在的感覺。但更重要的是，現在是反思自己是否具備這種天賦的時候了。你曾經在何處準確解讀人生？當時發生了什麼好的結果？我們太習慣放大掙扎或失敗過的經歷，太習慣聚焦在失之交臂或失敗告吹的過去。然而，讓我們花點時間翻轉一下人生劇本。你何時成功的？解讀人生在何時幫助到你？

現在，我邀請你暫停一下，回想你曾經成功解讀人生的經驗。希望到現在爲止，你已經意識到，解讀人生並非你過去認爲的那樣怪力亂神或奇奇怪怪。也許你解讀人生的能力沒有那麼外顯。也許你正運用所有的感官解讀人生，一切都恰如其分。

你是否曾追隨自己的靈魂渴望，儘管周遭的人不支持你也不理解你？你可以從大方向和小細節來思考這個問題。舉例來說，也許你踏上了一條背離父母期待或強迫的人生道路，而你很開心自己做了這個決定。

我有位客戶跟一位與家庭宗教信仰不同的對象結婚，他的家人氣到不行。「你怎麼可以這樣？你怎麼能背棄我們的傳統？你們的婚姻不會幸福的！」他們暴怒說道。他來自印度的傳統家庭，傳統印度觀念認爲媒妁之言的婚姻才是最好的婚姻，甚至是唯一的結婚方式。但是，他的女性配偶對他的文化背景一無所知，他的家人則認爲他瘋了。時間快轉，這對夫妻不顧家族壓力和反對，度過了二十五年的婚姻生活。在二十五週年的結婚紀念日，他的家人才終於認同他們。這對夫妻過得很幸福快樂，育有很棒的子女，成功展現了雙方文化中美好的一面。這都是因爲他深知妻子就是命中注定的那個人，即便知道會有阻礙，也義無反顧跟她結婚。

當我們的內心感應到、感受到、深知做這件事是對的，我們才會眞正感到開心。當我們不向外界和他人尋求認同，不請他們同意我們生活的方式，不讓他人阻礙我們相信並追求自己的內心，我們就會活出最好的人生。雖然遵循內在的眞實渴望會對我們的人生產生莫大的影響，但是我們要先從小地方開始建立信心。

你可以先勇敢說出口：「你知道嗎？就算你覺得我太武斷，我還是不信任這個人」，最後你會發現對方眞的不値得信任。又或是：「我要在這裡轉彎找停車位，就算你覺得這邊沒有停車位」，結果當你轉彎，一格停車位就出現了。又或者：「我覺得今天晚上不應該喝酒，就算你覺得我很掃興」，幾天後你就發現自己懷孕了。我的老師查理曾提出一個結論：「解讀人生是感應和做出讓生活有大不同的小事情。」回想我過去的經驗，我認爲這句話很貼切。

我目前正在指導一位客戶，她最近剛去了墨西哥旅遊。她住在紐約，但渴望陽光和一些獨處的時光。她的父親跟她很親近，得知她要去墨西哥時，嚇壞了。他說：「你去那邊會死掉！墨西哥是全世界最危險的國家！我不准你去！」

我的客戶是三十三歲的女性，她溫和地反駁道：「爸，很抱歉讓你不安心，但我還是要去，我知道我會沒事啦。」縱然遭到父親反對，她還是去墨西哥度過了人生中最美好、平靜的假期，而且沒有遇到任何突發狀況。現在，她的父母也要去同樣的地方度假！

因此，要有心理準備會遭遇這些反彈聲浪，儘管周遭沒有任何人認同你或支持你，但你還是要遵循自己的內在指引。

運用你的天賦禮物

當我的客戶預約解讀或學生出席課程時，我發現他們通常不是希望我幫他們解讀人生。因爲他們早就在解讀自己的人生了，只是他們不願意傾聽或信任自己解讀到的訊息，因此這些訊息並無用武之地。他們想要的是不再懷疑自己，走出自己的生命道路，開始相信自己的直覺，突破阻礙自己的重重關卡。

那麼，我們爲何會猶豫要不要相信第六感呢？爲何會無視內心的聲音呢？爲何在已經起了雞皮疙瘩時還不正視呢？最主要的原因是，正視第六感迫使我們爲自己負責，而這正是我們以往不習慣的行爲，又或是我們想要做卻沒有做過的行爲。全然爲自己的選擇負責，意識到責任最終在我們肩上，這讓人感到害怕。因此，我們變得猶豫、無視第六感、無法動彈，最後讓別人替我們做決定。接著，我們感到後悔。克服這個壞習慣的唯一方法，就是徹底為自己的生活負責。接著，重新掌握自己的人生，讓你的靈魂指引自己。

如你所見，最關鍵的轉變其實就是接受自己的神聖本質，意識到我們天生就有觀察能量的能力，而非認為這是怪力亂神，並為你的歲月靜好擔起責任，為之努力。你會遭遇阻礙、批評、甚至犯錯，但你也能指望自己以更真實、更有創造力、更有力量和更充實的方式活著。

而且，很奇妙的是，你是否注意到那些無法解讀人生的人，隨隨便便就會讓我們感到煩躁呢？誰見樹卻不見林？誰無法看到不祥預兆？跟這些人相處，總會讓我們感到灰心喪志、心裡不安定。因為如果他們無法信任自己，我們當然也無法相信對方，然後當我們處在必須相信對方的境地時，我們便會焦慮不已。舉例來說，我最近為一位客戶做諮詢，她在一家只有兩人的小型設計公司擔任會計。公司只有她和她的老闆。她很愛自己的工作，但無法容忍老闆，因為他「太蠢」了，管不好公司，這讓她抓狂不已。

聽到這裡，我大笑。「什麼意思啊？」

她回覆道：「他根本識人不清，浪費了我們一堆錢。他一直答應那些明顯付不出錢或不願付錢的案子，跟收費過高的廠商合作，還期望我可以幫他拿到錢和貨物。有太多人最後都在操弄他、利用他，把他當白痴。就算我告知他眞相，他還拒絕面對。他不斷無視我的意見，所以我要在我們破產之前辭職。」

她對老闆和公司局勢的判斷很清楚。她的老闆識人不明，也無法和不願從錯誤中學習。她是對的，最好在事情變得更糟之前離開。她也這麼做了。公司在八個月後收掉了。

你身邊有誰無法或不願意好好解讀自己的人生嗎？誰總是忽略細微的線索，不敢冒險，無法串聯眼前的明顯線索？你身邊有誰能夠解讀人生，但總是一再無視解讀到的訊息呢？你能否看得出來這些反覆的模式一直在阻礙他們、浪費時間？這讓你覺得煩躁嗎？你能否看出這種模式也會阻礙你呢？

你準備好解讀人生了嗎？

此刻，我邀請你花點時間思考：你是否願意接受你具備直覺和第六感，就如同你接受身體的五種感官一樣？你是否願意不再用邏輯分析的大腦去批判直覺的大腦，好讓你可以聽從內心的聲音，不會過度分析阻礙自己？你是否願意讓所有的感官互相合作來指引你？你能否接受這件事：傾聽內心的感應不代表你怪力亂神，而是整合全腦的智慧，運用覺醒的靈性感知，這反而是最高層次的覺察方式？你能否接受你正是跨越多重次元的靈性創造者，而不是受困在物質身軀的物質小我？當然，你具有肉體，但你能否允許神聖的靈魂與身體完美合作，協助你自在徜徉於生命之流？儘管遭遇阻礙，你是否會運用內在感知，快速且有效地避開障礙？我會提出這些問題是因爲這一切都歸結到一個核心：解讀人生的關鍵要素是什麼？

我實在不理解，如果不運用所有的感知，要如何活出成功的人生？理性與直覺之間無休止的對抗，也讓我徹底厭煩不耐。是時候放下這些無休止的爭辯了。是時候讓天生具備的完美感官同時運作，不再於解決問題和做決策時，依靠單一感官來分析判斷了。的確，我們有肉體的五感可以訓練。然而，我們也是具有靈魂的存有——我們必須承認靈魂本質的存在。內在的靈魂賦予我們力量，成爲有意識的創造者。此外，這個時代需要我們運用所有的感官來生活，無論是外在還是內在感知，並讓每種感知互相輔助，而非相互抗衡。有太多事情的瞬息萬變，是我們無法單靠理性邏輯來預測的。

因此，是時候下定決心告訴自己：「我不再抗拒內在的聲音。我準備好爲自己的生命負起責任。我準備好放下恐懼，不再害怕成爲有力量的人。我不再忽視給予我訊息的能量與振動頻率。我使用並信任所有的感官能力，創造安全、踏實、安心的美好人生。我本來就該如此，因爲這就是我的天賦本能。」

第4章

為何要解讀人生？

如果你還沒有被我說服，不認爲解讀人生很重要，那我會在本章中進一步解析。我有許多客戶和學生都是聰穎又有能力的成功人士，但他們依然在解讀人生時卡關、不順。

我從五十年前開始進行通靈解讀，當時的世界跟現在有著天壤之別。那是一個尚未被科技洪流淹沒的世界。當時的我們沒有手機，無法在手機上用手指按一按就能迅速與他人聯繫。人們不會每時每刻都被資訊轟炸。人們的交友圈較小、較單純，生活範圍通常就是居住地附近而已。因此當人們來找我問事時，通常是因爲在他們可預見的生活軌跡中，出現了不可預期的事情。

在我成長的時期，父親每天都出門工作，從來沒想過他的工作有一天會不復存在。青少年時，我們去學校學習同樣的科目，遇到同樣的老師，生活作息也都一樣。我認識的人裡面，包含我們家，只有少數家庭會有長途的度假之旅。我們會在當地露營，或是拜訪隔壁州的親戚。我們的生活並沒有像現在那樣充斥著各式各樣的機會，可是生活穩定如常。生活的一切軌跡都可預期，也的確按照預期般發展。

所以當人們來找我問事時，都是因爲他們的生活中出現了未知，或是生活軌跡遭逢變化。通常是關係中出現了問題，例如戀情出現第三者，或是想知道喜歡的人是不是自己的正緣。有時候則是：「我的老公生病了，他會康復嗎？」或者是：「我的婚姻破裂了，我要怎樣才能修復？」人們不太會來問我他們是不是應該離婚。我更常被問到的是：「我要怎樣才能讓生活維持正軌，因爲我的生活發生變動，我不想要這些變化！」

人們來問的另一種原因是因爲他們被迫要做出改變，而他們害怕改變。他們不確定這些變動是否會帶來美好結局，也不確定未來是否會一個不注意就分崩離析。我有一位客戶說道：「我的先生拿到了一份工作，可以帶上家人，但是我們得搬離科羅拉多州，搬到愛荷華州的蘇城，而我對那裡的情況一無所知。我在蘇城會不會過得不好？我們家的生活會變得不好嗎？」她的未來突然充滿著未知和不確定性，讓她感到害怕。她只想要確認之後的生活不會更糟，因爲她的先生已經答應工作邀約了。

然而，其他人來問事的原因則是渴望冒險一試，做點改變。猶記得我還年輕時，有一位男士找我問道：「我想要用我繼承的遺產，在山上開一間小型民宿，大概只會有五、六間房間吧。你覺得開民宿會成功嗎？會有人來嗎？」他想要確認這個事業會賺錢，不會把錢全部賠掉。

只有很少數的人來問事是因爲想探索未來的新變化。大部分人都只是想要確認他們熟悉的生活可以維持下去，或是能平安度過生活的變動。

人們用各式各樣的理由和話語包裝內在對於安穩的渴望。有時人們來問事是因爲害怕失去工作，因爲公司內部有了變動，或是新上任的主管不喜歡他們。有時候則是希望我提供關於某人的資訊，讓我扮演「間諜靈媒」，因爲他們不知道如何直接、眞誠地與對方互動交流，又或者他們不信任對方的回應是出於眞心。「我的先生有背著我偷情嗎？」「我的老婆是不是花光了我的錢？」「我的兒子有沒有抽大麻？」「我的公司會倒閉嗎？」他們之所以來問我，都是因爲自己無從得知或是不願意直接去問當事人。

多數人不會定期來找我問事。有些人可能幾個月之內會來找我問事一、兩次，一旦他們的生活回到正軌，生活恢復平靜、可預測後，就不會再出現了。起初，對於人們來來去去的原因，我並不會想太多。但是，我很快就意識到人們來問事是爲了應對變動和不確定的未來。最主要的是，他們都是在沒有其他辦法、無計可施的時候才會來找我。他們諮詢過其他專家，但得到的答案卻讓他們失望至極，因此在窮途末路的情況下才找到我問事。畢竟當時的我也只是個未經世事的年輕人。不過，通靈解讀的確幫助到了他們。

同時，我也很早就意識到只想要依賴他人給予答案是很危險的事情。我從來找我問事的人身上聽了許多可怕的故事。他們之前不幸遇到了動機不純的通靈人，那些靈媒心懷不軌，企圖操弄客戶。有些通靈人的確會利用客戶的脆弱和不安全感，而現在的確還有人會這樣做。很遺憾，這些沒有職業道德的靈媒就像狡猾的騙子一樣，隨時都能趁虛而入利用你這個人。這種人會說你需要他們才會生活平順，跟你保證事情的結果一定是你想要的。我們都知道這根本不可能。

如果遇到這種人，快跑！即便是在現代，諮詢通靈人、人生教練、靈性導師來幫助你解讀人生時，一定也要感應眼前的人適不適合。問問自己，這個人給你的感覺是否值得信任？是否不會做出不可能的保證？是否展現出內在的力量而非虛有其表？是否有良好的名聲？對方有沒有正直良知？對方是支持你成爲自己，還是要你一直依賴他？你會感應出眞相，而這更是我們需要學會解讀人生的重要原因。

爲無法預料的未來做準備

人們都想要預測未來，想要未來在自己的掌握之中。但如同我之前提過的，現代的生活已經不是容易預測、一成不變的生活了。所以，快速培養解讀人生的能力才變得如此重要。

如今的世界變化太大，以氣候變遷爲例好了。每一天，我們都會聽到哪裡又發生地震、水災、龍捲風、颶風、史無前例的天災在某某地區造成嚴重災害。這是現今社會正在面對的現實生活。準確地解讀人生可以幫助你做好準備，甚至避開某些災厄。

例如去年的時候，我跟全家人要從我們在歐洲居住的地方，一起去墨西哥的卡波聖盧卡斯城參加家族成員的婚禮。然而，不知道爲什麼，想到我們要出發的日期，我就全身不舒服。起初，我搞不清楚爲什麼會這樣，但我感應到這趟旅程會遇到許多問題，於是我靜下心來向內在提問：「我此刻感應到的是什麼？爲什麼我會不想要離開灰濛濛的歐洲冬天，去到陽光明媚的墨西哥呢？」沒有道理呀！然而，這個不祥的預感一直卡在我的心裡。我越是感應，就得到更多指示。最後我明白了，問題出在時間點，而不是旅途。出發的日期不好，需要換個日子再去。

出於我感應到的訊息，我說服家人延長旅途的時間，不要只是去參加婚禮而已，可以多待幾天。「我們早幾天出發，然後晚幾天回來吧。」我提出這個建議，他們也同意了。得到同意之後，那股不祥的預感突然就一掃而空了。婚禮在二〇二四年一月十三日舉行，但我們決定在一月十日，也就是星期三抵達。

兩天後的婚禮週末，發生了前所未有的美國航班大亂！一架阿拉斯加航空的波音七三七在飛行時機門脫落，導致阿拉斯加航空停飛所有飛機。預計搭乘阿拉斯加航空的數千名乘客都滯留在機場，造成美國各地的機場擠滿了沒有航班可搭的旅客。除此之外，一場極端冷氣團席捲美國，導致更多航班延後或取消。這簡直是旅行的惡夢。

由於我們家決定提前去墨西哥，所以旅遊行程都非常順利。遺憾的是，有一半的婚禮賓客都沒辦法出席，因為沒有航班可以搭乘。對旅遊來說，這是多年來最慘的週末。幸好我們早已安排好一切，避開了這些戲劇性的事件。回程的天氣再次驟變，數百趟航班因此取消，數千名乘客再次被困在機場直到天氣轉好，其中包括少數出席婚禮的賓客。由於我們在往返途中都多待了幾天，因此我們最後順利回到了家中。

如你所見，準確地解讀人生、聽從你的感應，是非常實用的技能。我本可以無視那股不祥的預感，照理說可以幫我們家省下許多旅費。但假如我忽視不祥的預感，按照原計畫出發的話，就沒辦法順利抵達婚禮會場了，而是會在途中被滯留在機場無法起飛。所以，有鑑於目前變化莫測的世界充斥太多不確定性，準確解讀人生有一個最大的動機，那就是順著凡事無法預測的生命之流而行。解讀人生讓我們能在變動發生之前或發生的當下，能夠及時調整自己。

這也不只是在遇到天氣變化的時候才用得上。此刻，全世界最新、最嚴重的焦慮之一就是人工智慧（AI）被廣泛應用。在媒體推波助瀾之下，人們恐慌自己的工作將被ＡＩ取代，從而在一夜之間失去生活保障。假如你能精準地讀懂自己的人生路標，而非恐慌無助、拒絕面對現實，便能感應出所屬產業的趨勢，進而做出調整，保住你的工作。

解讀在人生道路前方的能量，有個最實用的好處，那就是我們總是可以想出方法來應對出其不意、不好的變化，而非卡在原地不知所措。這也正是如今許多人都不約而同覺醒了這個天賦的原因——爲了生存，需要這個能力。爲了在這個時代生存下去，我們必須正視現今社會是如此變化莫測、瞬息萬變，大大影響了所有人的生活型態。儘管許多人不想接受改變，但逃避並不能讓我們趨吉避凶。拒絕改變只會讓我們面臨壓力、焦慮，甚至遭遇損失。從務實的角度來說，讀懂自己的人生便能避開變化可能造成的災厄。

肉身的五感會分析事件的主要成因是如何造成事件的現況。然而，我們的內在感應則會指引我們事件的能量往何處流動。感應能量的流動讓我們得以做好準備，有更多訊息去判斷未來趨勢，無論世事如何變化，都有力量向前邁進。

需求是發明之母，而此刻便是需要我們開始解讀人生的時刻了！你能夠做出更適當的決策，了解事件、人與人之間的細微差異，見微知著，衡量不同選擇，洞悉所有可能性。你掌握的資訊越充分，你就越能做出更好的判斷和行動。

情商的力量

當你開始準確地解讀自己的人生，你與周遭人的互動便不再冷漠，你的心中會升起更多的同情心與慈悲心。假如現代人被問及這個世界最重要的事物是什麼，他們的回答不再是「金錢」或「安定」。反之，他們會說是人際關係、人際連結、生命的意義。進行通靈解讀時，我們與他人之間的互動更爲眞誠，對方也會感受到自己被看見、被認可、被重視。解讀人生是一種無與倫比的人際交往技巧，能夠創造更好的人際交流、理解、情誼，這些正是我們渴望的人際關係。

解讀人生的另一項優點是，它會大幅提升你的溝通能力。假如面前的人聲稱自己「沒事」，但你明明感應到他們有事，你便能接住並安撫對方心中沒有說出口的情緒，進而增加你們之間的信任度。也許你的語氣可以變得更平靜，從能量的層面去接住對方的內心情緒，或者用柔和、關愛的肢體語言來暗示對方：「我懂。我理解。我有在關心你。儘管你還不放心告訴我發生什麼事，但我感應到了你的煩惱，而我在乎你。」假如你們的關係很親近，那麼你甚至可以直接告訴對方這些話。

幾週前，我坐在巴黎的一家咖啡廳內，有兩個坐在我對面位置的人引起了我的注意。直覺告訴我那是他們的第一次約會，但從旁觀察會發現這次約會不是很順利。男生的身體姿勢、手勢、語氣都彷彿在大喊：「我、我、注意我！」女方則對男生散發出來的這股強烈的自戀氛圍很反感。女生緊靠椅背，手臂微微交叉，顯然對話題一點興趣都沒有，但是男方完全沒有注意到。太可惜了，因爲男生看起來是個不錯的人。男生滔滔不絕，話語中帶著不安全感和自以爲是，完全沒注意到女生對話題不感興趣的暗號。女方一臉看起來想逃離現場的樣子。這一幕看得都讓我覺得尷尬。我不確定他們的約會最後如何，儘管男方很積極努力，我並不覺得女方會再跟男方見面了。

整體而言，準確地解讀人生可以提升我們的情商，避免在情緒上漏讀重要的跡象。著名心理學家和科學家丹尼爾・高曼博士（Dr. Daniel Goleman）對此發表過諸多文章。高曼博士在著作中提到人類是情感的生物，人類生活的核心是情感需求和慾望。解讀人生的一個環節是連結和回應那些情感需求，而非錯失、否定或對抗情感需求。當我們更了解對方和自身的情感需求，便能專注於有助情感共鳴的核心要素，爲我們帶來安全感、安心感，加深與他人的連結，我們與他人的人際互動便因此昇華。

而且，準確解讀人生的能力還可以在人際衝突中幫助到你。上週，我的一位客戶和他的妻子致電給我，請我協助解決他們的關係衝突，這個衝突導致他們快要離婚了。爲了解決關係衝突，找我問事已經是他們的最後一搏了。這是女方的第二段婚姻，她有兩個已成年的孩子，其中一位讓丈夫非常不滿。他發覺妻子的女兒傲慢自大、對人無禮、被寵壞，而他受夠了。無奈之下，爲了讓他的感受被聽見，他向妻子提出了一個荒謬的要求：「這個家有她沒我，有我沒她。如果你還想要護著她，那我們乾脆離婚！」

他們已經結婚三十年，儘管經歷了愛情長跑也互許承諾，還是無法解決逐漸擴大的關係衝突，導致婚姻即將破裂。丈夫提出了妻子根本無法接受的要求。沒有一位母親能夠輕易與孩子斷絕關係，而且這位母親還深愛著女兒。

另一方面，妻子也不願意了解丈夫的想法。她沒有正視丈夫或是承認丈夫需要被尊重的需求，反而指責他反應過度。不過說實話，她女兒的行爲的確時常無禮、自以爲是、被寵壞且不尊重人。我這位客戶的妻子堅決否認女兒有這樣的行爲，她並沒有覺得女兒的行爲欠佳。但是對我的客戶來說，他已經受夠了。他想要一走了之。

經歷一段時間的互相嘶吼和好幾次的深呼吸，我幫助他們在情緒上更好地感受彼此，畢竟這是兩敗俱傷的爭執。了解彼此眞實的情緒後，他們終於有了簡單的共識。他最終同意不再責備繼女的每一句話或行爲，儘管他已經養成了這個壞習慣，而她也同意在女兒越界時尊重他的界線。雙方都同意讓女兒留在家中。我的客戶也決定如果繼女出言不遜時，他就會離開那個空間，而他的妻子也同意不會跟之前一樣否定他的感受，不再一味袒護女兒。當他們雙方都意識到沒有人是「正確」的那一方時，原本僵持的關係就有了進展。對於家庭，他們只是有不同的情感需求和出發點。他需要尊重，而她需要維持跟女兒的關係。他們起初都沒有看見彼此內心眞正在意的點。我不確定這段衝突最後會如何解決，但我相信他們不會以離婚收場。

學會解讀他人的能量意味著跳脫自身的框架，看清你以爲的現實並不是唯一的現實或眞相。這會帶來更多接納、合作、團結、包容。一段關係若要成長，這些都是必要要素。

最重要的生存技能

學會解讀人生還有一個好處，它能在你的職涯道路上推你一把。信任內在指引，並且對周圍事物有所覺察的人，能接收到更具創意的靈感、洞見、解決問題的點子，通常也能在職涯上取得耀眼的成果。他們知道何時推動事業發展以及推動的方式，也勇於表達自己的想法，因此他們通常都是傑出的領導者。若你想要你的事業更上一層樓，最好的做法就是調動你所有的資源，而不是尋求他人的認可、擔保、保證才做決定和行動。準確地解讀人生將在你的內心升起外界無法給予你的自信。

最重要的是，準確解讀人生會讓你成長、進步、開發自己，並意識到自己是神聖、有創造力、充滿力量的靈性存有，此刻投生地球是爲了活出美好人生。僅依靠擅長分析的左腦是無法做到這件事的。僅依靠你的小我也無法成功，因爲小我的本質就是不安、競爭心態、易受威脅。小我看待世界的方式充滿侷限。小我會強調：「因爲你嚇到我了，所以我要反對你。我必須捍衛自己。我必須築起圍牆保護自己。」小我會讓你與外界隔離。然而，當你能夠準確解讀人生時，你會降下小我築起的牆，你會看得更清楚。你能看穿他人的表象，意識到你與他的共通之處，看到你能與他共創的可能性。你從自身的眞實本質出發，與對方的眞實本質互動。這是靈魂與靈魂的互動。人與人之間不再需要防衛機制了，取而代之的是互惠的人際連結。然而，假如跟對方相處會近墨者黑，你也能發現這點並轉身離開。

看看這個世界吧，這個世界如此混亂，到處都在失序崩解。我們在所處的環境、政治、金錢、社群等領域汲汲營營地追求。目光短淺的小我讓我們深陷其中，因爲小我未能意識到人類需要與他人和地球建立深刻的連結，也未能意識到我們與地球是相互依賴的關係。一旦與靈魂失聯，小我就會奪走主導權，操控我們以對待物品的方式對待其他人。這些由小我驅動的感知會讓我們陷入毫無意義的戰爭，讓整個地球變得更加惡劣，從而致使我們無視和否認這些作爲對於他人、世界、我們自身帶來的可怕後果與影響。

能夠修復這種災難的唯一辦法就是做出截然不同的行爲。如同愛因斯坦說過的：「你不能用讓你陷入困境的相同思維來解決問題。」這樣的改變來自於重新連結我們的內在感知和靈魂，並以更深層、與內在合一、以心靈爲出發點的方式，與生命互動。一旦有了這種轉變，我們會立即意識到所有人都在同一條船上，傷害他人和這個地球，最終也等於傷害自己。我們會瞬間了解到，他人與地球的存在並非僅是爲了我們個人的利益而存在。我們也不能使用或消滅那些無法滿足小我慾望的事物，否則會遭致可怕的後果。

我們正處於一個轉捩點。不過，好消息是，無論媒體怎麼報導，已經有越來越多人開始準確地解讀人生，並意識到這一點了。人類集體的神性本質正在覺醒，我們的內在感知不再被壓抑，解決問題的意識逐漸提升，對彼此的共感力也逐漸敏銳。這些轉變都昭示著人們終能找到一條路，改變世界目前的混亂局面。

從根本來說，解讀生活是一項生存技能，需要敏銳的觀察力和同理心，能夠感知能量和振動頻率，需要高情商、批判思考能力，以及聆聽神聖的指引。這提醒著我們，每一個人都是靈性存有，共同生活於這個地球。爲了人類的生存，我們必須以嶄新、有智慧的方式過生活。當我們不再如多數人那樣地反抗、爭辯、無視、否認、質疑內心深知的眞實，而是解讀生活並予以回應，便能終止我們如今面臨的困境，並成爲有能力解決困境的人。我們將不再傷害彼此，不再破壞地球。我們將成爲療癒者，療癒的不只是自身的生活，還包括每個人的集體生命經驗。

我很肯定在五年之內，每個人都能輕易接受我現在談的內容。我剛開始幫人通靈解讀的時候，別人看待我的態度就彷彿我臉上多長了一顆眼球，覺得我不正常。但在過去的十多年來，有越來越多人認同我。許多公司企業邀請我去與他們的員工對談。許多醫師、律師、教授、科學家找我做諮詢，希望能強化他們的內在感知力。過去五年來，越來越多人都對外承認自己的感應能力，絲毫不擔心別人會怎麼想。這樣的轉變讓人振奮。

就我個人而言，我並不認爲我們應該將意識限縮在六種感官而已。第六感實際上是由諸多細微的內在感知力組成：有意識的腸胃、有意識的心、有意識的皮膚、高我。還有許多不同的意識層次尚待我們去發現，我們的未來可期。

我邀請你踏上這條路。擁抱你解讀人生的能力是非常務實的選擇，因爲這能在許多方面爲你帶來立即的好處。無需反抗、無需爭辯，也無需抗拒。它是一種生存技能，如果完全善用它，便能成爲你最強大的創造力。

第5章
別再抗拒你的內在感應

我與學生和客戶最常談到的或許並非他們是否有解讀人生的能力，而是他們是否願意信任並根據解讀到的訊息來行動。我覺得跟內在的感應力對抗，是讓人挫折且不必要的拉鋸戰，但我也必須承認許多人依然會質疑自己。

我昨天才幫一位女性做諮詢，她說：「我的感知力很強。我是藥品業務，並且要在國內四處拜訪。我能夠立刻知道這次的業務拜訪是否會順利，也能夠馬上知道客戶要的是什麼。我很喜歡這個能力，然而，我還是會懷疑自己。我會接收到很棒的直覺訊息，但會懷疑這些訊息，然後花好幾個小時在質疑自己：『我爲什麼會有這個想法？我以爲我是誰啊？證據在哪？我要怎麼跟別人解釋？』這樣的內耗好累。」

她說因爲她是科學家，她不知道該怎麼解釋這種直覺，也無法彌合直覺與理性之間的鴻溝。很遺憾，我很常看見這種情況。人們的確會接收到很棒的洞見，的確能夠「讀空氣」，的確能感應到周圍實際上發生了什麼事。他們很直覺地會知道眞相，但找不到合理的說法來解釋自己爲什麼會知道。因此，他們不會信任自己的直覺，也不會依循直覺行事，只能在最後悔不當初。

我在之前的書中已經詳細討論過這個議題了，而我主要要表達的就是：相信你的感覺！這些感覺不是空穴來風，也並非憑空出現。你有內在的感知力！它們不是異常現象，而是自然的內在心靈反應。你不能讓左腦一直跟右腦打架，也不能讓頭腦跟靈魂打架。左腦跟右腦以及頭腦跟靈魂是互補的夥伴。

事實上，我還在跟我的第一位老師查理．古德曼學習時，他就說過邏輯和直覺是好朋友。「第一步是運用邏輯來分析事件的正確資訊。接著，將這些資訊交給直覺處理。你的外在感知和分析腦會研究過去發生的事，並將你帶入當下。然後，你的直覺會引導你追蹤這個能量，洞察未來。」

你不必陷在頭腦裡鑽牛角尖，企圖尋找科學證據來證明內在指引。你也不必怪力亂神，對外展現一副仙氣飄飄的樣子，嚇得別人退避三舍不願意正眼看你。你必須以踏實、全面、務實的方式運用所有的感知力。這才是整合感知力的最佳方法。

信任你的思維、情感、感知、直覺

爲了研究解讀人生時到底是怎麼一回事，我深入研究了榮格的學說。榮格是瑞士的一位精神科醫師，也創立了分析心理學。如此一來，如果有人質疑我，我就可以捍衛自己的正當性。榮格是第一位提出四大心理功能的心理學家，四大功能包括：思維、情感、感知、直覺。他強調這四大心理功能缺一不可。當我們將這四種心理功能合在一起，便能理解全貌。

若要能輕鬆、順利解讀人生，不再爭辯、不再有內在衝突，我們就必須停止將靈性自我分割開來。這種自我分割始於法國哲學家，他們只認爲我們的肉身、邏輯自我才是眞正的自我。笛卡爾說過一句名言：「我思故我在。」這句話在某段時期的確有道理，但它並不精確。這並不符合現今的科學研究，也不是好的哲學概念，因爲這句話讓我們失去了人性。我們變成了只有理性而沒有感情的機器人和機械，導致我們背叛了自己，導致我們質疑自己的智慧。我們的力量被削弱了，將自身的主權交給外在的權威——那些我們被教導著並認爲可以照顧我們的人。看看如今的情況，變成什麼樣子了呢？我們幾乎不再相信權威體制。因此，開始學習信任自己吧！

成爲務實、善用邏輯，並且能接收訊息的人。同時，讓我們也開始接通自身的直覺，連結心靈和神聖的靈性自我。既然你打開了這本書閱讀，你大概在某種程度上也已經了解和做得到了，但其他人可能會質疑你。我現在也還是會遭到質疑。我常常碰到別人對我說：「我才不相信這些東西。我不相信直覺。我不相信能量。我不相信靈魂。」這也沒關係！認眞來說，不要浪費力氣去改變別人的想法。你做不到的，你也不需要這麼做。你不如這樣回覆對方：「好喔，但是我相信。我的直覺對我來說很準，我會遵從我的感應。」

只是準確地解讀人生的話還不夠，你反而要根據你解讀到的訊息來實際行動。投入於你感知到的訊息。運用這些訊息來支持你，而不是把訊息當成燙手山芋棄之一旁。

從以前到現在，我發現有許多人解讀人生的能力很好，可是等到要採取行動、做決定、聽從內心深知的眞相時，常常會裹足不前。

「我有股強烈的感覺，應該要賣掉我的公司」，幾個月前有個人這樣跟我說。然而，他卻懷疑自己的直覺。甚至有人已經提出要購買他的公司了，可是他萬分猶豫，遲遲不肯做出決定。這舉動惹怒了那位買家，導致對方找了其他人。

失去了這次的機會之後，他說：「我眞後悔沒有抓住這個機會。我當時到底在想什麼？」

「我也不知道。」我回他。「我們之前討論過好幾次了。你**當時**在想什麼？」

他說：「我害怕改變。我當時沒有相信自己。我太貪心了。我以爲我應該可能拿到更多錢。我沒有相信那位買家，但我也無法佐證爲什麼我不相信。現在我手上卡著這間我不想要經營的公司。沒有任何人對這間公司有興趣。」

事實上，人生如同汪洋。生命中發生的事會隨著海浪襲來。你會遇到機會，但機會稍縱即逝。人生並非止水，改變無可避免。我常常告訴學生和客戶，解讀人生就如同在海上衝浪。你得捕捉那道海浪，感受海浪如何一波一波地襲來。生命不會靜止不動，也不會固定不變。一定要遵循你「當下」感應到的訊息——不是永遠，而是當下，因為當下才是我們能擁有的一切。

結合內在與外在感知

若談及信任直覺，最常遇到的關卡就是想要證明結果。人們常問道：「我要怎麼確定這是正確的？我要怎樣才會知道？」然而，萬事無絕對。我們無法百分之百地預測事件發展。我們能知道的只有當時感應到的眞實狀況。而且，當你越聽從你感應到的訊息和感覺，你就會得到更好的結果。此外，向他人蒐集資訊、提問、研究、練習識別也是很棒的一件事。你腦海中的判斷參雜了他人的偏頗觀點嗎？還是你從客觀的角度來了解事件的事實？

只諮詢那些能夠提供你全盤資訊的人。我常常發現，人們如果要解讀一件事情的趨勢，都會找不了解情況的另一半或家人尋求支持或安慰。不過，試想一下這一點：你爲什麼要去問生活一團糟的人該如何過生活？當你感應到自己要換個方向或嘗試新事物時，而對方卻未曾冒險或踏出舒適圈，他們能給你什麼樣的好建議呢？他們的意見顯然不值得參考呀！你只會得到他們的負面看法。

準確解讀人生的最佳方法就是以踏實、實際、負責的方式進行。你並不是在魯莽地冒險，也不是甕中捉鱉。聰明點，慢慢來。

如果你感受到什麼訊息，就承認這個訊息，說出來。如果你感應到或觀察到讓你感覺不對勁的事情，例如某人的肢體語言或語氣，或是對方的眼神閃爍，說出來，或至少在心裡對自己說。這些都是訊息。假如有人說了讓你心中警鈴大作，或是讓你的腸胃翻攪難安的話語，請相信你的身心反應。這些都是有用的訊息。

我一開始在開發內在感知時，我的老師查理．古德曼跟我說過直覺的定義。他將直覺比喻為能見微知著的能力。因此，善用你的注意力！別讓任何人用「才沒有，你在騙人吧」來洗腦你。

我有位客戶在幾週前說：「我妹妹在跟一個我不信任的男生約會。」

我說：「嗯，你不用主動跟她說你的感覺。如果她來問你的意見，也不要一開始就跟她說。因為通常第一次問別人意見時，都是希望尋求認同。如果她問了第二次，你再跟她提到你的擔憂，但要以客觀的角度來講這件事。你可以跟她說你觀察到的事實，例如：『我們說話的時候，他不會看著我的眼睛』，或是：『我注意到他似乎不自在，有我在的時候，他的肢體語言都滿封閉的。』」

總之，注意觀察你的內在感應和外在感知告訴你的訊息。榮格將之比喻為「神聖婚姻」，亦即頭腦與心靈結為伴侶。愛因斯坦也承認過這點：「人類的靈魂是我們的神聖禮物。」允許位於心靈的神聖靈魂引導你，但不是盲目引導，而是支持你的心靈去識別、關注細節、積極聆聽。

我們不需要反抗我們的感應。我們不是分裂的意識；我們不是非黑即白的對立；我們不只是小我而已；我們不只是靈魂而已；我們不只是肉體而已；我們不只是能量而已；我們是**合一的整體**。要喚醒自身力量的方法，就是以協調、合作的方式，以踏實、有創造力的方式，整合我們擁有的所有面向。這才是我們在本書中要學習的內容。

第6章 解讀人生時的障礙

希望你讀到這裡時，我已經讓你相信解讀人生是未來的趨勢了——這是我們都需要的重要生存本能，能幫助我們在瞬息萬變、不可預測的世界裡，隨時爲我們指路，讓生命中的事情以最好的方式展開。那麼，是什麼干擾我們喚醒這個本能呢？那些障礙是什麼？是什麼讓我們意識不到這點、與世界脫節、無法突破？

就我的觀察，那些阻礙分成兩大類。第一大類包含了徘徊不去的質疑，以及受限於大腦的理性邏輯。我們就從這一點開始談吧。

你可能在思維上已經接受自己不只有五種感官，接受自己並非只是僅由小我組成的理性存有。當然，許多人永遠不會接受這些概念，而那些人也不會閱讀這本書，所以我們不用討論這部分。但是，你就不是那些人啊。

然而，我希望你可以暫停一下，問問自己，你是否在情感上接受了這件事。思考一下：「我仍在質疑自己嗎？我仍在懷疑自己的內在指引嗎？我仍將內在的智慧和洞見視為某種需要隱藏的怪咖、怪力亂神的想法，否則就會被理性思維的人排斥嗎？」

就我的觀察來看，這種隱性的焦慮太普遍了，難以察覺。這也是為什麼要了解新的科學觀念，才能擺脫這些恐懼和質疑。現代的科學已經了解，「我有超過五種的感官。我的腸子會感應能量，它能與大腦傳遞訊號交流。我有顆對能量敏銳的心臟，同時它也是實質存在、跳動的心臟器官。甚至我的皮膚會接收到周圍的能量。這也是為何我能夠解讀一個人、空氣、事件眞相的原因。這很正常。」

是時候了解最新的科學觀點對於「我們是誰」的認知了，因為現在的研究比起中學時期所學習到的還要更多。我們甚至不需要了解百分之百的人類本質，只需要允許我們的本質自然流露出來。

與生活脫節

最常見的阻礙就是與生活脫節。事實上，我認爲這是我近期教導學生時觀察到的最大關卡，而這一切都是因爲科技使然，並且主要是由手機成癮導致，因爲手機可以帶我們去到任何地方。手機讓我們與當下和身體脫節，將我們傳送到另一個世界。盯著螢幕時，就錯過了現實世界。

我在巴黎與倫敦來回居住，我沒有汽車，除非我選擇走路，否則出門時都會搭乘大眾交通運輸工具。每次我搭乘火車或是倫敦的地鐵時，都會觀察到一個現象，那就是沒有人在注意周圍發生的事。我敢說，百分之九十的人都盯著他們的手機螢幕看。盯著手機時，你就與現實世界斷聯了，不會注意到周遭的世界。

最近，我在倫敦準備要搭乘開往巴黎的火車時，觀察到一位男士。他坐在大廳等待他的列車班次被廣播到站。他的腳邊有許多大型行李，而他埋頭盯著自己的手機。幾分鐘後，非常大聲的廣播從非常大聲的音響傳出，告知旅客往比利時布魯塞爾的列車即將發車。三分鐘後，大廳傳來第二次廣播。接著，傳來最後一次廣播列車即將發車。聽到廣播，一大群人起身走向月台，候車區空出了一大塊空位。那位男士渾然不知這些事情。他戴著耳機，盯著手機，鼻子都快碰到螢幕了，整個人跟石頭一樣定住不動。突然間，列車發車的十分鐘後，他抬起頭，開始驚慌失措。他大叫著：「天啊，天啊！我必須去布魯塞爾，怎麼沒有人告訴我火車發車了？怎麼會這樣？」他根本沒想過是他自己與周圍的世界脫節，錯過列車是他自己的錯。他沒有意識到自己抽離了這個世界，沒有注意到有許許多多的人從他面前走去搭車，也沒意識到或記得要注意列車發車時間。

我們可以笑著想說：「天啊，他太蠢了吧！」然而，他並非特例。這種情況無時無刻不在上演。

另外一天，我跟巴黎的一位朋友一起吃午餐，她說：「桑妮雅，我前幾天坐在咖啡廳時，居然有人從桌上偷走了我的包包。」

我很驚訝地問道：「怎麼會這樣？」

「我也不知道。我當時在跟朋友講電話，有個小孩騎著滑板車飛馳而來，迅速搶走了我的包包，等到我反應過來，他已經跑到半個街區遠了。」

我個人認爲，很高的機率是那個小孩清楚地解讀出講電話的她會是完美的目標，所以抓住這個機會。別誤會我。我很喜歡手機爲現代人帶來的好處，我也跟每個人一樣需要我的手機。但是，我也發現手機讓人們與世界脫節，與周遭斷聯，在我們的許可下，致使大腦沒有意識到身邊的世界。這是很危險的一件事。如果要避免這種事發生，我們就必須回到地球上，回到身體裡，不再盯著手機看，注意周遭的世界。與生活脫節是如今最摧殘我們的現象，這種摧殘的程度太驚人，我本人也還在試著習慣！成長的過程中，我並不需要處理與生活脫節的分心情況。我一直到三十幾歲才有一台電腦，快四十歲時才願意買一支手機。以前並沒有這些讓我心不在焉的物品，我很感激這件事。我學會專注於當下，保護我遠離手機的誘惑，不讓手機導致我與生活脫節。

儘管現代科技有許多很棒的工具，但如果這些科技讓我們與生活脫節，我們就處於極度劣勢的情況，容易遭遇危險。若是當下心不在焉，他人便能趁機襲擊我們、偷走我們的物品；然而若是專注於當下，我們散發出來的能量就會有所不同。別人會察覺到我們是否專注當下，是否有注意和覺察周遭情況，這會讓我們不容易成爲他人下手的目標。

我有位客戶在幾年前接受背部手術，休養的那幾週他沒辦法走得很快。他的復健過程之一就是起身運動，並且盡量移動。由於他必須做這個復健，有天晚上他決定拜訪住在幾個街區之外的朋友。回程的時候，他走得頗慢，但保持著高度警戒，因爲他聽到身後有腳步聲尾隨。他感覺到了跟蹤者意圖不軌。他知道這個人越來越靠近，可能會突然襲擊他。他也能感受到對方不懷好意。

由於我的客戶才剛動完手術，沒辦法奔跑，於是他決定要集中所有的能量，進入極度專注的狀態，建構防護罩以抵禦背後的惡意攻擊。因此，他沒有選擇加快步伐，這反而是恐懼會要他做的；他深呼吸後放慢腳步，後方的腳步也放慢了。一步、兩步。差不多走了十步之後，背後的腳步聲加快了。但是我的客戶沒有因此毫無防備地被襲擊，他直接轉身跟對方正面對決。他看著對方的雙眼，大吼：「站住！再靠近一步你就完了！滾！」對方被嚇到腳步一頓，臉色瞬間刷白，隨即逃之夭夭。

我的客戶精準地解讀出後方的能量，做了保護自己的準備，因而救了自己。假如他心不在焉或被手機分心，就會成為壞人可輕易下手的目標。這也是為什麼我們一定要活在當下，並注意周遭發生的事。為了保護好自己，縱使手機是很棒又是生活必須的工具，但假如讓手機把我們的注意力從當下抽離出去，手機就變成我們的敵人了。所以一定要主動將手機收好，尤其是在國外旅遊或是在人群中，以及身邊有其他陌生人時。這個做法絕對會改變你的生命，拯救你的人生。專注當下，回到此刻的世界，覺察眼前發生的美好奇蹟。

批判與刻板印象的評判

另一個干擾我們解讀人生的障礙則是過於批判，過早以我所謂的「刻板印象的評判」來下定論。舉例來說，你可能看了一眼某個人或某件事，就下了定論認為「就是這樣了」，因爲對方或這件事讓你想起了過去發生的特定事件。

我記得有一次跟一位朋友聊天，她說：「我不喜歡那個男的，他很虛僞。」

我說：「爲什麼呢？你根本不認識他啊。」

她回道：「我遇過虛僞的人。他長得很像我高中時的男友，他也是假惺惺的那種人。」

我大笑後回她：「這是你個人的投射。你只是根據相似的特質就推斷他這個人，但這根本不是對方的眞面目啊。」

她很堅持地說：「他一定很假。他根本就是魯蛇，你看看他站著的樣子。」

我眼中的那位男士則是另一個樣子。我不是用那種批判型的投射在解讀他。我看見的是一位內心不安卻又試圖掩蓋不安的男士。我沒有看到我朋友眼中的任何自傲或操控的性格。

我有一位摯友搬離了芝加哥，搬到鄉下去。每一次見面聊天都讓我開懷大笑，因爲他對大城市的評語都很誇張。「感謝主，我們終於搬離城市。城市根本就是美國早期的蠻荒西部」，他堅稱，「每個人都身陷危險，每個人都瘋了。離大城市越遠越好！」

我理解他不適合城市生活，但是他對於城市的一概而論並不精確。不是每一位在大城市生活的居民都是罪犯，或是潛在的犯罪受害者。如果你用刻板印象去評斷，你就會阻礙自己，無法看見眞正的機會，因爲你將自己封閉起來，沒有看見眼前發生的眞正局勢，無論那是好是壞。反之，你應該慢下來、深呼吸、落實自己的能量、觀察周遭、掃描能量、感應訊息，從能量去評估發生了什麼事，而非用不一定是眞相的過去經驗來一概而論，先入爲主地全盤否定某人或某事。

興致缺缺

另一項絕對會阻礙我們解讀生活的因素就是不想學習新事物。雖然很難相信，但有些人對於已知的事情之外，就沒任何好奇心去了解，也不願意去探索。他們不會好奇任何事情，對新事物也不在乎。他們的腦中不接受差異，若是別人跟自己不一樣，就會認爲對方的觀念不對。這種故步自封的心態相當於對靈魂判處死刑，也對社交生活沒有任何好處。

既然你都翻開這本書閱讀了，那麼你應該不是那種沒興趣了解這個充滿驚奇又多元的世界的人。但是，要記得一件事，我們很容易認爲我們所知道的就是世界的全貌。即便認爲自己心胸開放、靈性修爲很高的人，都有可能故步自封，無法容忍與自己意見相左的人。我的自身經驗告訴我，不要試圖打開或改變心態封閉的人。你只是在浪費時間而已，因爲心胸要從他們自身的內在打開。那些對事物不感興趣，總是與生活脫節，或是喜歡對事物一概而論的人，通常都是故步自封的人。你反而要專心擴展自己的覺察和感知，不要理會那些人。盡力去觀察周遭發生的一切，觀察的其中一個環節就是識別誰的心胸敞開，而誰的心胸封閉。每個人都各有所好。

否認

在我的觀察中，另一項常見的阻礙就是否認。否認是一種有趣的選擇，意味著我們的感官都在告訴我們某件事（也許是某人或某件事不適合我們，或是我們已然失控），並且已經清清楚楚向我們證明了事實，而我們卻拒絕知道眞相。我們不想要感到失望，也不想要誠實面對。我們不想要有任何不適或紛擾，因此我們寧願視而不見。

我有位客戶去年任職於一間人工智慧產業的新創公司。他被聘用的時候，根據老闆的說法，只要公司發達了（任何時候都有可能），他就能獲得極高的報酬。作爲交換條件，在公司起飛之前，我的客戶必須以極低的薪資、甚至無酬爲公司付出。他被這豐厚的潛在報酬誘惑，欣然答應這份工作，投注了所有時間和心力。爲什麼不呢？畢竟，人工智慧是產業裡人人都在談的趨勢，他的公司也向他承諾了未來。他很滿意之後有機會獲得股份的承諾，也看見了未來他將獲得的巨額報酬，所以他全身心投入其中。

他每週工作六十到七十個小時，耗盡了所有精力只爲讓公司順利啓動。實際上，該公司在市場上根本沒有獲得任何關注。這間公司失敗了，但他拒絕承認這件事。然而，他的女友可是看得一清二楚。她清楚地解讀出了實際狀況。「退出！」她堅持要男友退出：「你在浪費時間，你已經過勞了。你都精神恍惚了，你已經筋疲力盡。你的口袋一無所有，付不起帳單，是我在支付所有開銷。你不能再這樣下去了。」

他沒有承認現實，反而勃然大怒指責女友不支持自己。他們爲此爭執不休，但是他仍拒絕聽女友的意見，反而說她根本不知道自己在說什麼。儘管種種跡象清楚表明這間公司沒救了，包括幾位同事因爲失望和承諾沒有兌現而相繼離職，也有一些同事被不公平地資遣，他還是認爲一切都很順利。他之所以相信，是因爲他想要公司順利起飛。十一個月後，他的公司一夕之間資本蒸發，瞬間倒閉。他辛苦的做牛做馬，卻沒有得到任何股份或報酬，甚至沒有人跟他說聲「謝謝你的付出」。他無法相信這件事會發生，震驚不已且憤怒至極。

我不敢置信他居然沒有預見這件事。「嗯，之前就已經有跡象了呀。你難道連一點預兆都沒看見嗎？」

「沒有。他們告訴我公司會順利起飛，我被誤導了。」

「先別管他們那時怎麼說的，那些承諾有兌現嗎？公司初期的專案是否有吸引到第一批使用者？」

他無法回答我問的這些問題，因爲他認爲自己無從得知，儘管這根本就不是公司機密。否認是極爲可怕的毒藥。

在親密關係中，否認是最常見的情況。人們不願意離開錯的對象是因爲不想要獨身一人，儘管對方不適合自己，卻還是會說服自己對方是眞愛。他們不願意面對眞相，因此選擇裝聾作啞。

我有一位客戶說她剛結束一段婚姻，因爲她發現丈夫外遇，她不敢相信這件事會發生。

我問道：「眞的嗎？你沒有料到嗎？」

「完全沒有。更慘的是，他外遇好幾年了。」

我緩緩告訴她：「嗯……這是一種選擇。一個人若要過著雙重生活，一定會有跡象。他一定會散發出不一致的能量。你有注意到他的狀況嗎？還是你把他當成生活中的一道背景？你一定會感覺到有什麼事情不對勁呀。」她無法接受我說的這些話。

我接著說：「當然，如果你不想要知道，那就另當別論了。」

她最後承認，她其實根本不想知道丈夫是否外遇。

否認是百害而無一利的毒藥，會麻痺我們的感官。有一本書叫做《情感胡扯》（*Emotional Bullshit*），作者是卡爾．阿拉斯科博士（Dr. Carl Alasko）。作者在書中寫道，有些人一心過著幻想中的生活，因此否認實際的現況，直到他們再也無法否認爲止。

我另一位客戶近期被診斷出胰臟癌，正在辛苦治療。她說：「我不敢相信，我覺得身體沒有異狀啊。」

「眞的嗎？你到現在都沒有感覺到什麼異常嗎？」

她回道：「我覺得我什麼都做得到，我也不想生病，所以我忽略了前期的症狀。」

「但是，不舒服的感覺持續多久了？」

「可能持續了幾年吧，但我當時不想要被身體的不適打敗。」

我能理解她的想法，尤其我們都被教導著人定勝天，信念可以克服一切阻礙。我也相信這件事。然而，承認現況對我們的生活只有好處，因爲感受到的實際經驗正是要告訴我們的訊息。

這是危險的滑坡效應，容易導致災難發生，尤其是涉及到身體健康時，醫生可能會說：「康復的希望渺茫。」

事實上，我也曾遇過這種事。我注射完新冠疫苗之後，不幸確診神經病變。醫生診斷出來後說道：「很遺憾，這個疾病是不可逆的，你只能接受它。」

我說：「我不想聽到這個說法」，但是我的確想知道我的症狀是什麼，這樣才能判斷我該如何療癒。我並沒有否認現況，但我也不打算接受這個厄運。我開始採用替代療法來改善健康，也有了顯著的好轉。否認症狀對我來說沒有一點好處。因爲身體不對勁了，所以我需要知道爲什麼雙腳會麻，爲什麼我會感覺到有奇怪的刺感。對那時的我來說，獲得明確的資訊太重要了。準確的直覺來自於準確的資訊。然而，我跟醫生對於同一個疾病的看法不同，醫生根據他個人的觀點認爲康復無望。他過去的經驗告訴他，「這無法治癒。」我的感受、內在的聲音則是有不同看法。「這可以治癒，但不是透過你慣用的傳統醫學。」

我並非否認現況。我是根據我接收到的資訊，逆轉我的症狀。

妄下結論

另一項造成我們錯誤解讀訊息的因素就是妄下結論。這是出於對未知的恐懼而產生的複雜心理行爲，先設想最糟的情況來避免腦海中預想的痛苦，通常會發生在某件事情讓你覺得危險的時候。這通常也被稱爲災難化思考，聽起來像這樣：「天啊！我們完蛋了。我們一點機會都沒有！一切都會徹底完蛋。」

當我們太快設想負面的結局時，我們就無法專心感受、觀察實際的狀況，無法接收更好的訊息，或是無法做出恰當、充滿內在力量的決定。災難化思考會關掉直覺，剝奪我們以富有創造力的方式回應生命呈現給我們的一切。它讓我們成爲無助的受害者。

我前夫的父親，儘管我覺得他是很棒的人，但很遺憾地他就有災難化思考的壞習慣。他的眼中只有災難，沒有挑戰。每一次有人想要冒險挑戰新事物時，他的眼中只看到死亡。我的前夫年輕時要去環遊世界，他對我的前夫說：「在你出發前，我只有一件事要告訴你：保險要買好買滿，屍體才能運回家。」

可惜的是，他這輩子都活在這種陰影之下。而且毫無疑問，他從未感受過歲月靜好。他有太多恐懼與害怕，導致他眼中只有最壞的情況。檢查自己有沒有這種模式。遇到任何事情，你會設想最壞的情況嗎？如果是的話，這代表你相信自己沒有力量可以用創意的方式面對生命中的挑戰；相信自己無法引導人生走向美好結局；相信自己無法保護自身和你愛的人不受傷害。然而，這不是眞相。如果你太快下了定論，預設結局會很糟，就無法接通直覺迎向美好生活了。

自以爲是

另一項會影響解讀準確性的因素是假設。除非被證實是錯的，否則我們常常懶得去檢驗假設的結果是否爲眞。我們自以爲了解某人或某事，卻沒有細細去檢驗這些假設是否符合實際情況。這是人們錯誤解讀訊息的常見現象。通常而言，慷慨大方且竭盡全力幫助人的人，也會預設對方也同樣理解、慷慨並支持他們。然而，這種假設的共識很少會發生，他們反而會陷入失望、受傷的情緒，甚至覺得自己被背叛。

多年前，我有位單身的男同志好友住在紐約市，但他有位住在郊區的年長女性朋友，他每週末都會去看望她，他們成了關係緊密的好夥伴。由於她的身體有點虛弱，所以他都會去照料她的起居。例如，他會去幫她除草坪、修理房屋，幫她維修房子的整體狀況。多年來，他成了她賴以維持生活的人，他幫助她過得踏實、快樂、健康。他每週末的固定行程就是去找她。

她的兩個小孩住在加州，卻不曾來看過她，因此他成爲了她生命中的重要夥伴。他心中預設她會將房子過戶給他。她在談論到跟他的未來時，的確也暗示過幾次，至少他這麼認爲。她從來沒有提及過自己有其他安排。有一年，她中風了。他接下來只知道，她在加州的孩子把她送進養老院，並把房子掛牌出售。根本沒有人聯絡他或告知他。他從訃聞中得知，她中風不久後就去世了。

我的朋友以爲她有在遺囑的財產分配裡提到他，但是她沒有。他不假思索地以爲他的朋友會回報他所做的一切，而他會繼承這棟房子。他因此心碎不已，至今還沒有從失望的情緒走出來。

他跟我分享了這段經歷後，我說：「很遺憾，你居然憑著臆測而去做這些事。她還在世的時候，你有跟她談過嗎？你們有討論過房子的分配嗎？你有問過她嗎？」

他回道：「完全沒有。我唯一做的就是幫忙她、幫忙她，一再的幫忙她。爲什麼她不把房子留給我呢？」

但是，同樣的，她**爲什麼要**把房子留給你呢？或是這麼說好了，假設她失去意識或死亡了（實際上也發生這件事了），她的孩子又憑什麼要把房子留給你呢？

這件事點出另一項錯誤解讀的常見原因：我們不敢直接表達、不敢談判、不敢說出內心的渴望。

我們很不幸地只會先預設自己想要的結果，當結局不如預期，才驚訝連連。所以，一定不能預設結果。我的老師查理在多年前教了我這個道理：「不要假設自己了解任何人，包括你自己。」

每一個人都是一個複雜的宇宙。儘管許多人會因此驚訝，但我們沒辦法理所當然地以爲我們跟他人都是用相同的角度來看待生活，也不能理所當然地認爲生活就是那樣。此外，人們會成長、環境會變化，過去認爲的眞理可能在不同的時空背景下並不成立。

以爲自己很務實

另一項阻礙我們連結能量和振動頻率的常見錯誤，則是所謂的「務實」。有時候這被稱爲天眞的現實主義——我們以爲自身的經驗沒有任何偏見或濾鏡，以爲看見了世界的眞實樣貌。不知爲何，我們以爲世界上只有一種現實，以爲別人的生命經驗、優先順序、生活安排、人生目標和需求都跟自己相同。這種籠統的假設在許多方面反映出了一個觀點，亦即我們的觀點是「眞實的」，而這顯示出我們缺乏一定程度的自我覺察。

因爲生命瞬息萬變，假如我們私以爲看出去的世界是唯一眞理，就無法與他人很好地共存。因此，這個世界已經明示我們必須跳出井底，拓展感知並覺察周遭的人事物。這是個人成長的一環。

如果你發現自己沒辦法準確解讀自己的生活，或是別人指控你沒有正確讀懂他們，相信他們吧。儘管他們忠言逆耳，也不要反駁、洗腦、無視他們的回饋，更不要覺得自己無辜。相反的，你應該要好奇並主動了解爲什麼。他們說的是什麼意思？爲什麼呢？詢問更多資訊和例子。

如果有人說：「你從來都不聽我說，防備心不要那麼強。」你還是要提起興趣去了解。你可以說：「可以請你舉個例子嗎？我想要了解。」當然，你必須是眞的想要了解，這樣的交流才會幫助到你們雙方。你要接納意見、自我省思、敞開心胸。

我在這一章描述的所有阻礙都需要你自我省思，需要你願意誠實面對我們活在當下的程度，以及對生活大小事的敏銳程度。我們可能會不喜歡自己發現的眞相。爲了準確解讀人生，需要改變態度和敞開心扉，這當然需要一定程度的成長。反正，生命也會要求我們成長呀！因此，儘管一開始備感艱辛，但當你越是願意學習和成長，放下一點「務實」，越是開放自己、越是抱持好奇心，你的生命就會變得更有力量、更能獲得充足的資訊，與周遭人事物的連結更深，你會更踏實，人生也會更有意義。

第7章
解讀錯誤的原因

那些常見的僵化觀念會導致我們無法讀懂人生、缺乏情商，使我們排斥或無法意識到每個人的能量都蘊藏著一座宇宙，忽略了生命其實正邀請我們準確地評估周圍的能量，以協助我們跟萬事萬物找到共同點並共同創造美好。除此之外，我們還有第二大類的阻礙。這些主觀的個人創傷致使我們產生偏見、心生防衛、封閉自己、與人疏離，也影響我們準確解讀人生的能力。這創傷包括了心理創傷、創傷後壓力症候群、某些過去的生命經驗形成的各種生存機制。我們學會了從艱難的人生經驗中生存下來，變得過度警覺、過度警惕和過度保護，但這不代表我們在這樣的生存機制下能夠準確解讀人生。我想在這一章說明一下這些障礙，以及克服這些障礙的方法。

恐懼與焦慮

如果你容易有恐懼和焦慮，千萬不要責備自己。我們都會焦慮。這個世界變化萬千，讓我們對未來的生活缺乏安全感，而焦慮（其實是對未來的恐懼）正是一種自然反應。然而，當恐懼和焦慮排山倒海而來，會削弱你專注當下的能力，導致你無法解讀周遭的實際狀況，讓你沒辦法預先做出保護自己、踏實的決策。

幸好，我們能夠透過不同的工具和策略來減緩焦慮感。實際上，有許多方式可以控制和對治焦慮——藉由手機裡的應用程式引導你呼吸來減緩焦慮，例如散步或進行和緩的瑜伽練習。參加自我成長的互助團體，或是尋求治療師協助。只要適合你，這些都可以緩解焦慮。只要你能意識到自己正在焦慮，覺得身心受到威脅、沒有安全感，導致你與外界隔絕，那麼有很多各式各樣的方法可以舒緩焦慮。僅僅只是面對焦慮並實際減緩焦慮，便能很好地幫助你更活在當下、解讀現況，這本身便是焦慮的解藥。這會讓你跳脫被焦慮困住的大腦，跳脫對未來的恐懼，讓你看見未來的選擇。此外，你身邊的人以及你當下置身的地點，也是需要考慮的因素。你周圍的人讓你焦慮不安嗎？意識到你的環境有觸發焦慮的因子，便能幫助你重拾力量，做出更好的決定，最重要的是你能開始照顧好自己的身心。

恐懼也是多數人的主要關卡。恐懼會傳染。撫養你長大的人可能自己內心都充滿著恐懼。你周圍的人也可能內心充斥著恐懼。恐懼是絕對會在空氣中蔓延的情緒感受。但是，恐懼也只是你的小我在告訴你：「救我、救我！我快撐不住了。」而你的確有可能快撐不住了。由於小我將自己置於與生命對抗的境地，所以小我總是處於劣勢。小我認爲生命是「我對抗你」，而「你」總是比「我」還要多。

恐懼的解藥就是開始連結自己的靈魂。連結你的神聖、偉大、有力量的自我。這是個人成長的過程，但如果你已經在這條路上走得夠遠，以至於你選擇閱讀本書，那麼我很肯定你至少已經開始成長的旅途了。

恐懼並非敵人，恐懼其實對你有好處。恐懼會提醒你，你不是孤身一人。恐懼會幫助你開始尋找與他人的連結，促使你與志同道合之人建立聯繫、獲得支持，而非孤身探索世界。

獲得資訊也是對治恐懼的有用方式。未知、不理解、不熟悉的事物都讓我們懼怕。因此，去了解資訊，並蒐集充分的資訊吧。要尋找可靠且能夠信任的資訊來源。我並不認爲網路會是克服恐懼的好來源，因爲你能夠在網路上找到的資訊良莠不齊，從可靠的資訊到可怕的資訊都有。尋求專家建議、幾本好書、治療師、醫師、律師等等，無論你需要什麼，他們都可以給你最好的資訊，協助你做出更好的決定。

無論你做什麼，千萬不要無視恐懼。即便只是承認自己害怕，都可以降低恐懼對你的影響。我最喜歡的一個方式就是開口說出自己害怕的事物：「我怕自己一個人。我怕破產。我怕受傷。我怕生病和死亡。我害怕孤單一人。」每一次承認恐懼，你的恐懼感就會減弱。

緩解恐懼的另一種方式則是直視你周遭的現況。解讀人生意味著敏銳感知顯而易見的事物、當下的事物。「我害怕孤單，但現在，我一個人走在街上。我很安全，我的身體很健康。我能夠跟別人溝通。如果我需要，我可以請人幫忙。現在的陽光很燦爛。」僅僅只是承認恐懼，便有助我們專注於當下，不會被恐懼綁架。

如果你正處於恐懼中，將心念專注在身體上、保持穩定的呼吸，這能幫助你舒緩情緒。你知道當我們害怕的時候，通常會不自主地憋氣嗎？你知道憋氣時，身體又會感到焦慮嗎？透過鼻孔吸氣，吐氣時就像是要吹熄蠟燭，這會調節恐懼的反應，啓動副交感神經系統（放鬆和消化的神經系統），有助於我們在激動時平靜下來。

假如你感到害怕，你就無法接通內在指引。你會無法準確解讀訊息。然而，肢體動作可以幫助我們啓動副交感神經系統。移動身體、深呼吸、散步走路，甚至是唱歌都可以。唱歌可以讓你從左腦思考切換到右腦，如果你用心靈去歌唱，你就會與靈魂共振。這會有助於你回到身體、回到當下，調節你的情緒、舒緩緊繃的神經系統、鎮定腎上腺素，讓你專注於當下。將身體狀態從恐懼焦慮調整到平靜時，你便能開始敏銳覺察周遭的能量訊息。

渴望認同，害怕否定

當我們內心過度渴望認同，也會錯誤解讀人生。過度渴望認同意味著我們的內在大人將主導權交給了內在小孩。我們的內在小孩需要認同才能生存，而當我們曾經歷暴力虐待或不健康的環境，我們就會轉向危險的人物尋求認同。如果你還在尋求他人的認同，是時候將內在小孩帶到當下此刻，是時候認可你自己了。

同樣的，這些都是很大的認知轉變，但也許你已經開始努力進行了。也許你已經開始意識到人生不需要他人的認同。當然，獲得別人的認可是很棒的事情，但那不是我們的人生必需品。可能，當你工作表現優異時，心裡也會想要別人認可你。但如果你做得沒有很好，也能將他人的否定重新改寫爲有建設性的批評。然而，如果你的工作表現眞的很糟，慘遭他人的批評與否定，那麼你可能需要認眞思考這份工作其實不適合你。

我滿同意《舊約》十誡中的第一誡：「不可有別的神。」他人的認同是多數人崇拜的假神。想要認同是很自然的一件事，但如果對認同的渴望造成了內心恐懼、自我放棄，且爲了得到認同而操縱他人，那麼這並不會在我們身上產生任何正面的結果。認同就像是蛋糕上的糖霜，但糖霜並非生命的燃料。

渴望認同可能會讓我們害怕否定。當我們還是個孩子時，尤其是在動不動就會被懲罰的環境中長大，面對嚴重的威脅、嚴重的後果、無情的懲罰，即便是最低程度的否定，我們也會覺得它危及生命。關於療癒內在小孩的創傷，YouTube 上有許多很好的資源，你可以仔細查找。其中有個頻道叫做「Crappy Childhood Fairy」，頻道的創作者是一位極具同理心又踏實的女性，她指導人們療癒童年創傷。

還有許多資源可以協助我們，讓我們的認知與信念不要停滯在過去，這些資源所教導的內容都是奠基於我們是獨立自主的個體。我們是具有無限創造力的靈魂，是美麗又絢爛的光，而我們要爲自己的生命負責。我們承認獲得認同是很棒的事情，因爲人類是群聚的生物，渴望活在群體中。但假如得不到認同，我們也不會因此死亡，而這單純意味著我們需要找到更好的人來相處而已。如此，我們會變得更快樂，更能準確地解讀人生。

成癮行爲

阻礙我們解讀人生的另一項因素就是成癮，從酒精成癮到工作成癮，乃至任何讓我們與當下脫節的有毒行爲。成癮行爲是在表明——我不想要感受到現在的感受。

不去感受聽起來是很好的主意，但隨著時間過去，麻痺感受只會將生命越推越遠，並且封閉自己。如果成癮行爲是爲了處理不舒服的感受，那你就需要花時間反思：這有用嗎？別人是否跟你反應過你的成癮行爲造成了困擾？你的生命是否停滯了呢？你是否無法好好解讀人生呢？一旦你與當下脫節且有成癮行爲，你就無法準確解讀人生。

我寫此書的目的不是爲了讓你戒癮，也不是試圖改變你。我的目的是邀請你和鼓勵你，盡量在身體與心靈都更有意識、明晰、踏實，因爲隨之而來的好處會讓你更有力量、更有創造力、更有生產力、與萬物的連結加深，活出成功的人生。這一切都需要你活在當下、保持覺察、專注生活。

高敏感帶來的痛苦

在第二大類裡，還有一項我想要討論的阻礙，那就是你把所有能量照單全收了。這類人通常被稱爲高敏感族群，或稱高敏人。我將他們稱爲缺少龜殼保護的烏龜，因爲他們沒有濾網的保護，如同整個人浸泡在周圍的能量裡。他們會感應到每個人是否打嗝、腹痛、壓力過大、心有憤怒，這些反應都如同電擊，刺激著他們的神經系統。

我總感覺自己就像是避雷針，身處每個人的風暴裡。專注於身體會是脫離高敏感的好方法。你需要做點有趣的肢體活動，因爲這能產生「讓所有人都滾出泳池」的效果。

如果你接收到太多別人的能量，那麼你就需要強化自己的能量界線了。更專注於自己的靈魂、身體，專注於你自己和你的興趣、生活的優先順序，將這些視爲重要的人生選項。這是需要下許多功夫的重要任務，特別是你剛意識到自己其實是高度敏感的人。幸好，已經有許多很棒的書籍和資源能提供高敏感族群協助了。我自己的幾本著作也有教導如何建立健康的能量界線，並有效運用自身的能量，以防我們對周圍能量過度敏銳。

共依存傾向

當我剛開始學習解讀人生時，我從老師查理那邊學到最棒的一課是，他對我說：「桑妮雅，你能夠做的最重要的事就是管好你自己。」

這句話看似是強勢又自私的結論。我驚訝地回道：「這句話太討厭了吧！」他說：「一點也不討厭。事實上，這是非常誠實且實際的。每一個人都有自己的道路、自己的靈魂。這句話不代表你不在乎。我的意思是，你不需要承擔不屬於你的事情。如果你奪走了屬於對方的挑戰或生命旅程，這不是在幫助對方。如果他們向你開口，你可以支持他們，但你不能出於讓自己好過而剝奪他們的人生體驗，這不是你的責任。」

這是在梅樂蒂．碧緹（Melody Beattie）所寫的好書《每一天練習照顧自己》（*Codependent No More*）出版前，查理教會我的觀念。共依存是一種傾向，意味著「當我周圍的人都好的時候，我才能感覺良好」。然而，生命本就艱難。我們無時無刻不感受到生命的高低起伏，而這些感受都不斷在變化。

我還記得有一位朋友打電話給我：「我的室友讓我很不爽，她要把我逼瘋了。她根本就是戲精。她隨時都在發瘋，每件事情對她來說都是急事。她都把負面情緒丟到別人身上，連自己的生活都過不好。她剛剛才告訴我這間房子怪怪的，你可以過去幫她嗎？我在工作，走不開。」

作爲朋友，我答應了這個請求。我說，好啊，我會去看看。當我抵達時，我朋友的室友正在看電視，拿著一袋爆米花在吃，看起來很放鬆自在。她問道：「嗨，你好，很高興認識你。怎麼了？」

我很驚訝，說道：「聽說有急事，所以我才來這裡。」

「什麼急事？」

「你的室友剛剛打給我，說你情緒崩潰了。」

她噗哧一笑：「什麼?沒有這件事啦。」

我回道：「但你一定給了她那種感覺。」

她害羞地承認：「好吧，也許我的反應是有一點浮誇了。」

我當時只是搖搖頭就離開了，心想：「你們兩個根本就是互相依附、都是戲精，完全沉浸在紛擾和不安之中，根本就無法準確解讀彼此或任何事。」

你可能只是有共依存傾向的高敏感人。別人的不滿是否會刺激你的神經系統？我在羅馬尼亞裔的大家庭中長大，我曾長時間經歷這種情況。我總是被每個人的能量淹沒，快要不能呼吸，直到我學會稍微專注在自己身上。

如同我的老師查理說過的「管好你自己」，這句話會讓你開始思考：「我該管好自己的是什麼？」

當你開始思考這句話的答案，先從自己的身體開始。問問自己：「我的身體需要什麼？我應該吃哪種食物？我想要穿哪種衣服？我想要在哪裡居住？我今天想要做什麼？」

從最小的決定開始思考，一步一步進展到思考大的決策。這很簡單，先開始學會當一起去吃飯的朋友問你要點什麼時，不要說：「我不知道。你要點什麼？」你要說：「讓我想一下，我還不確定。」接著接受自己不確定要點什麼，而這可能是因爲你現在**不知道**自己想要什麼。也許你需要測試看看自己喜歡什麼。也許你需要嘗試新東西，並接受結果可能會讓你有一點失望，但至少你會發現自己想要什麼。

這是學習準確解讀人生的過程中，最有力量的一件事。我們會在本書後續進一步探討這一點，屆時你會學到如何準確解讀自己。但同時，思考一下「管好我自己」這句話的概念。這並不是要你不管其他人，而是不要背負任何人的人生。而且老實說，你根本**無法**背負其他人的人生。在靈魂層面上，每個人都有自己要負責的人生，你無法替別人去過生活。知道這一點，何嘗不是一種解脫呢？

療癒內在小孩

當然，我們每個人都有許多上述的傾向，幸好，我們不需要完全克服才能解讀人生。即便你容易焦慮、心有恐懼、極度渴望認同，有某些成癮行爲、極度敏感或是有共依存傾向，你解讀人生的天線也只是歪了一些而已，因爲這些特質都是你以前爲了生存而發展出來的必要技能。問題在於，如果內在小孩會詮釋我們的生命經驗，那勢必會讓我們無法準確解讀人生。我們會不自主地投射或感受到他人的痛苦，接著責怪這樣的自己。我們可能會感應到某件事怪怪的，但接著我們會陷入災難化思考。內在小孩分不清細微的差異，只會有「不是黑就是白」的極端判斷。

當我們經歷過嚴重的人生創傷，我們會覺得自己缺了一角不再完整，這意味著我們無法掌控所有的資源，無論是內在指引還是外在訊息。這些思維都是需要我們持續改善的認知。我們必須重新以同理心，有耐心地不斷教養自己。

我年輕的時候，只有幾個人公開談論療癒內在小孩的必要性，但現在療癒內在小孩已然成爲顯學。許多人可能意識到自己有自戀型的父母，或是意識到自己處在自戀型的關係裡，抑或他們自己就有自戀型人格。誰知道呢？

萬幸的是，我們能夠擺脫這些困擾，讓眞實的自我重獲光明。現在已經有越來越多的資源可以支持我們走過這段療癒旅程，因爲這個世界意識到人類集體都需要療癒。

總的來說，如果你想要準確解讀人生，先審視自己的濾鏡，審視自己的生活有哪些層面需要成長。也許你渴望看得更清楚，但假如你的擋風玻璃布滿髒汙和過往的人生故事，你的視線就會有所侷限。你必須能夠抛開濾鏡來解讀人生，就算付出了最小的努力，也能創造最大的進步。

第8章

別再無視你的感應

我之前有提過這件事了，但我還是要講：活在別的宇宙中與現實生活脫節，正是導致我們無法專注於當下所感應到的訊息、無法活出美好生活的最大原因。這也是導致我們無視感應的原因。在我看來，這是我多數學生與客戶遇到的最大障礙。

當我們無視自己感應到的訊息，就等於出於某種原因選擇不去利用獲得的訊息來讓自己過得更好，而我們肯定得承受相應的後果。所以，爲什麼我們會忽視企圖幫助我們的明顯訊息呢？我們的慣性思維告訴我們，我們沒有權利活出有力量的人生。我們已經將「你以爲你是誰」的權威聲音內化了。我們從小就被灌輸這樣的觀念，別人教育我們該怎麼做、該成爲怎樣的人，我們就只能聽從。我們忽略眞正的感受，導致我們無視感應到的訊息。從根本上來說，這是因爲我們害怕對抗外在權威並拿回自己的力量。這一章會闡述如何在內心有許多聲音互相鬥爭的情況下，開始關注自身，並從中賦予自己力量。

誰在主導你的人生？

我有位客戶任職於一間公司，她在公司內部清楚地看到了在決策方式、資金使用和團隊計畫執行方式都存在許多錯誤。但是她當時只是個新人，所以並沒有多說什麼。就算看見了錯誤、謊言、捏造和操縱，她也保持著沉默。她想著：「假如我發聲，我一定會丟掉飯碗。」

這個狀況持續了九個月，直到這些詭計被客戶發現，最後整個計畫直接告吹。每一個人，包括我的客戶，都被告知要捲鋪蓋走人。她的老闆直接問了她：「難道你沒有發現這些狀況嗎？」

她回道：「我有，但我害怕說出來。」

她的老闆難以置信地問：「爲什麼？」

她說：「因爲我是團隊中的新人，職位還不穩定，我覺得自己沒有話語權出來指正些什麼。」

老闆只能搖搖頭。「那眞是太可惜了。你明明很有才華，但因爲你也是默不作聲的共犯，而且持續了這麼長時間，我們必須解僱你們，因爲你們害客戶把我們解僱了。」

試想一下，誰在主導你的人生？主導者是你嗎？還是你將力量與權柄交給了別人，只因爲你害怕主宰你自己的人生？這可以理解。這個世界有階層和體制。這個世界存在著霸凌和權力鬥爭。這些都存在。但重點是，我們必須按照自己的價值觀和優先順序來生活，我們必須承擔起「了解自己」的責任。

更重要的是，我們並非要糾正別人的行爲，或是教育任何人的道德觀和原則，但假如我們因爲害怕這麼做會有不好的後果而拋棄自己、背叛自己，你要知道，無論如何，我們都有可能遭遇不好的後果！

至少，你要承認現況。萬一你發現自己處在某種境地裡，而你有意識地逃避感應到的訊息，我建議你要常常詢問自己，並記錄這些問題：「我在害怕什麼？我正在經歷什麼事情？我能夠擺脫這個狀態嗎？」

運用讓你知道現況的感知，協助自己知道如何擺脫現況。

我有一位客戶也經歷了非常類似的事件，不過對象是事業合夥人。這三位女性一開始都是平等的合夥人，但我的客戶注意到其中一位合夥人開始缺席。我的客戶想要當個有風度的好人。起初，她的慣性思維會告訴她：「什麼都不要說，掩蓋這件事，這件事會過去的。這不是眞的，是你在大驚小怪。」

她在洗腦自己，但是她也知道一定有解決辦法。所以，她開始記錄解決方法，並頻繁詢問自己的內在感知：「有什麼方式可以改變？我該如何補救？我們該如何修正這件事？」她運用了外在感知發現了她的合夥人不斷缺席，導致這位合夥人沒有做好自己的本分，這是證據而非推測。記錄了兩個月之後，她又問了內在自我：「我應該怎麼做？我總感覺在背叛我自己，感覺在犧牲公司來默許這件事發生。」她的靈魂告訴她：「召開合夥人會議，將這件事提出來談。」

儘管她內心抗拒，還是召開了三個人的合夥人會議。三個人都到齊後，她轉頭跟其中一位合夥人說：「我不是在指責誰，也沒有編造謊言。我只是發現到了無法否認的事，你的心思不在這間公司，怎麼了嗎？」

她的合夥人說：「你說的沒錯。我被診斷罹患了乳癌，我一直沒有提起這件事，因爲我怕你們兩個人會拋棄我、解僱我，或是在我需要你們的時候甩掉我。」

這段對話改變了一切。整個團隊都同意她們會做她的後盾，幫助她度過這個難關，並且不會要求她去做她無法做到的事。她們跌跌撞撞地向前行，公司生存下來了，她也是。現在，她們正朝向新的人生邁進，而非因爲種種錯誤解讀或無視感應而分崩離析。

追蹤生命的美好

正確的態度、情緒和開放的心胸，都是解讀人生必不可少的因素。如果你意識到自己天生就具備這種態度，意識到這是現今世界必不可少的生存技能，意識到只要你不欺騙自己，就能擁有這種能力，你便能活出璀璨光明的人生。假如你非常踏實、活在當下、保持開放、勇敢無畏，也樂意爲人生負起責任；假如你能夠管好自己的人生，同時又保持著敞開的身、心、靈，你便能擁有最棒的未來，以至善的形式創造美好人生。你將以最深入、最眞實的方式連結一切萬有；你將以眞實不欺、充滿支持、充滿活力和眞誠懇摯的方式與人互動。

當你理解到自己並不受限於五感，也並非僅由小我或肉體組成，這種認知將徹底改變你的一生，這點值得一再重申。我們不僅僅是一團物質和肉體而已，我們每個人都是一座宇宙，綻放著美好的可能性。當我們不斷重塑對自身的認知，這些技能就會自然而然啓動，這些技能會幫助我們改變世界，且理所當然地提升我們的解讀能力。

解讀人生意味著我們將潛能發揮到極致，這是自然而然的結果，源自於你活在當下、沉穩踏實、欣然接納、心胸敞開，從而洞察精微，無所錯漏。如此，當我們活出這般境界，便能隨生命之流自在運行，擁有最美好的人生體驗。

幾年前，我出版了《相信你的直覺》（*Trust Your Vibes*）一書，因而受邀去南非教導人們開發直覺。當時與我同行的還有那時才十六歲的女兒，莎賓娜。在南非的期間，我們決定去克魯格國家公園來趟為期四天的獵遊。這對我們兩人來說，根本就是改變一生的經歷。

抵達時，我們做的第一件事就是入住一間美麗的小屋。園區人員告知我們：「不管你要做什麼，晚上都不要離開小屋，否則你會被野生動物攻擊。」隔天清晨起床時，我們聽到了從未聽過的聲音。我們的腳下傳來隆隆聲。我的女兒跑向了室外陽台，見到數以百計的象群從眼前經過。我們從未有過如此貼近的體驗，親眼見證生命與大自然可以像這樣流動。能量朝我們的身體襲來，我們當即意識到，我們就是動物，如同眼前的象群。我們如同象群在這個世界穿梭，而我們很有可能也被視為同樣壯麗的存在。

然而，真正震驚到我的是，我們在破曉時分起床，擠進一輛 Range Rover，車內除了司機，副駕駛座還有一位追蹤員，他的大腿上放了一把槍。我觀察著追蹤員的舉動，他觀察著四周，嗅聞味道並聆聽動靜，全心投入於當下，解讀周圍的一切訊號。他讓我著迷的程度，絲毫不亞於我們可能會看到的景象。我可以感覺到他不錯漏一絲細節，但更多的是，他多麼優雅地解讀著我們周遭的生命跡象。他的頭不會猛然一動，也不會搖晃身體。他只是「如滑翔一般悠然移動身軀」。他會點頭，或是以手指示意，又或者是以某種微妙的方式輕輕指示駕車方向。司機跟隨他的指引，他們的互動宛如一場優雅流暢的雙人舞。

隨著我們跟著追蹤員給的指引和線索，我們看見了鬣狗，他說鬣狗非常少能看到。我們在黎明時分看見一群長頸鹿劈著腿，同樣的，他也說這是罕見的景象。我們看見一群獅子與草叢完美地融爲一體，你必須非常仔細才能看見這些雄偉的動物沐浴在早晨的陽光下休息。我們看見一隻剛浮出水面的河馬。

我愛獵遊，但我最愛的是那位追蹤員。我想要像他那樣解讀人生，他不只是洞察細微，同時也非常善於分享生命的景象——那些我們可能輕易錯過的生命景象。那天，他以一種難以置信的美好方式豐富了我們每一個人，徹底改變了我們的生命。他向我們指出野外的鳥類、羚羊、貓、老鼠，以及我根本叫不出名字的小動物。他開啓了我們的感官，幫助我們認知並經驗到世界的諸多美妙。

這就是解讀人生的最大動力了：你能察覺生命是如此美妙。人們很美妙；動物很美妙；地球很美妙；創造很美妙。生活在地球上很美好。與萬物連結並共創新事物，是最偉大且最令人振奮的動力了！我們皆處於地球上的關鍵時刻，見證非凡又美好的事情即將發生，而我們都是其中的一分子。又或者，至少我們活在當下、心胸開放、解讀人生，讓我們能以最美好的方式去貢獻、去創造。

讀懂人生的訊息

希望到目前爲止，你能夠意識到身爲人類的我們，其實一直都在進化，而我們也不只是純粹的物質肉身，我們不只由小我和外在的五感組成。我們還有內在自我，這是一種內在的境界，一種靈性自我，協助我們運作更高層次、更精微的意識境界。

內在與外在自我都不可或缺。我們是跨次元的意識體，而且解讀人生能讓我們接通這些具有創造力的多重面向，穿梭於日漸複雜卻又驚奇廣袤的世界。我們需要外在感官指引肉身，幫助我們了解物質世界的本質。同時，我們也需要內在感知的指引，因爲內在感知能連結眞實的自我，也就是靈魂本質：靈魂來到地球是爲了成長、學習、創造、連結、貢獻。

接受並認知到我們擁有內在的靈性導航，它便能成爲燈塔，指引我們創造最深刻、最美好的生命體驗。突破身體感官而浮現出來的內在感知，就跟日常感官一樣眞實、一樣自然。更重要的是，這些內在感知在做決策時至關重要，能賦予我們意義和目的。一定得理解這一切的運作原理，如此，我們才能挪開生命道路上的大石。然而，我們可以更進一步微調這些內在感知。但是即便是現代，多數人仍被教導著對這些內在感知嗤之以鼻。很遺憾，許多人仍無視這些內在訊息。但是，當我們意識到理性的大腦無法合理化這些內在訊息，當我們意識到這些訊息促使我們感知能量的流動，而非只看見物質世界的表象時，我們便能連結來自精微層面的能量，接通我們的高我。我們還能連結其他意識境界的靈性存有，他們等著幫助我們、支持我們、指引我們。接著，我們的人生將不再分裂疏離，而是會更沉穩踏實，綻放驚人的創造力，這也是我們存在於此的人生使命。

本書的前半部分是建立認知架構，幫助你建立這樣的認知模式，理解並意識到你的存在不僅是表面所見那麼簡單而已，你的存在遠大於你被教導著要相信的那樣。在如今瞬息萬變的世界裡，天生就啓動的內在直覺感知是很重要的生存技能。你們如今開始扭轉了對自我的認識，推動自己成爲更大、更拓展、更有能力、更具創造力的自己。

當你意識到並相信自己就是散發高頻率的靈魂，意識到自己的肉體也是你的工具，讓你在日復一日的生活中穿梭，當肉體與靈魂結合運作，你便不會再浪費時間猜測、懷疑、尋求認同，而是會把握機會，善用這些隨時隨地從意識浮現的訊息。

發覺、接受並適應自己就是靈性存有。我們可以將靈性的自己稱爲較高次元的自己，它存在於你的肉體之內，比身體小一點。它能讓你取得任何訊息，幫助你過上安穩、安心和踏實的生活。

既然你已經理解了這些概念，我們將進入本書的後半部分。我們會分享準確解讀人生的基本工具，它們適用於任何情況。除此之外，我們還會細分不同的技巧，幫助你運用並精煉較高層次的感知，以及鍛鍊你的外在感知，讓你在需要的時候可以輕鬆、自然、自在且隨時解讀生活大小事。

因此，讓我們進入本書第二部分，開始學習準確解讀人生的詳細內容。

【第二部】

解讀人生的詳細指南

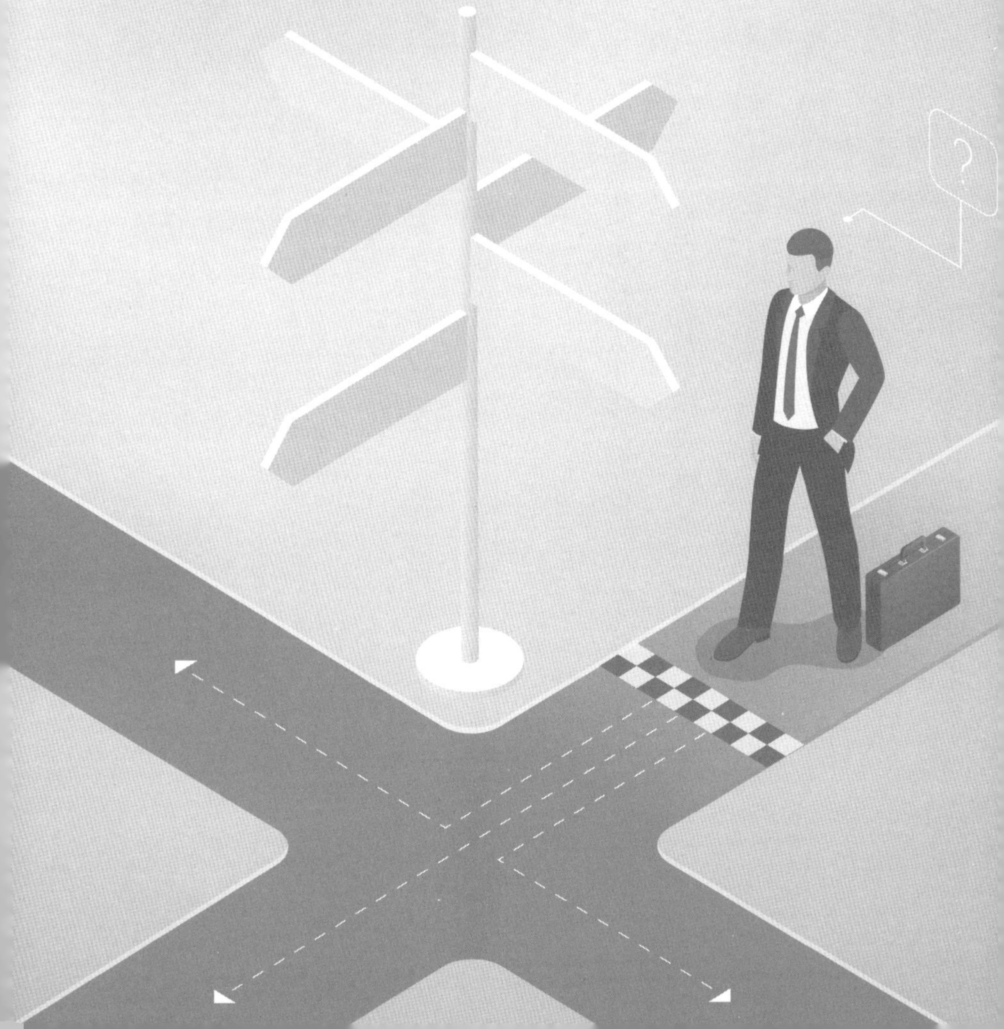

第9章
解讀人生的五大要素

在本書第二部分，你會學到提升解讀技巧的基礎方法，好讓你無論何時何地都能獲取最多的訊息，充分了解情況並獲得指引，進而以最有創造力、最積極、最踏實、最眞實的方式，回應生命呈現給你的大小事。

你可以將這些工具應用在生活中的五大要素，對你的人生也會有所助益。第一項要素是解讀自己和了解靈魂渴望的方法、身體狀態，了解如何維持清晰且充滿活力的能量，而非受限於小我與恐懼。接著，下一步是解讀他人的技巧，包括家人、朋友、小孩、重要他人，以及每天都會跟你互動的人。我會講解具體的技巧和練習讓你一一實驗，進而創造能量連結，擺脫那些造成人際困擾和折磨的誤解。緊接著，我們會學習了解如何解讀自身的人生使命，因爲這是多數人心中最重要的問題。許多來找我的人會問我：「我的人生使命是什麼？我該如何才能連結我的靈魂，並活出最充實、最眞實、最成功的人生？」

解讀自己、解讀他人、解讀人生使命需要你極度專注，需要高度的自我覺察和極大的好奇心。經常練習並努力洞察這三大要點，你的生活就會越來越成功、自在從容、心靈平靜。

你會學到的第四項要素是解讀地點，畢竟我們活在第三次元的物質世界裡。我們的生活動向包含了住家、工作地點、社交娛樂場合和其他空間環境。學會解讀地點就能保障自己的人身安全，在日復一日的物質世界中選擇滋養你的去處。

最後，你會學到如何閱讀生命之流。生命的事件宛如一波又一波的浪潮，而你就像在浪潮裡逐浪，你能即時回應眼前的一切，不會猝不及防或措手不及，也不會被他人的能量淹沒而迷失方向。

在本書的第二部分，我會拆解這些基礎方法，並進一步闡述細節。我會分享方法和技巧，教導你進行我所謂的解讀。假如你反覆練習和實驗這些方法，就會獲得莫大的進步。爲了讓解讀變成你的第二本能，你必須反覆練習。就跟學習跳舞一樣。起初，你會覺得進展緩慢，每一個動作都會讓你猶豫半天。你的大腦試圖記住所有的步驟，你的心試著找到音樂的律動。一開始看起來可能很尷尬、不自然，這是因爲你還不夠熟悉、不夠熟練，所以你才有可能會懷疑自己。我鼓勵你撐過這段自我懷疑的階段，因爲很快就過去了。如果你每一天都常常練習我在本書後半提供的方法，放下批判，你很快就會看見成果。你會以超乎想像的速度在生活中整合這些技巧。

因此，抱著開放的心胸、好奇心和輕鬆娛樂的心情，我們來到這一章，而你會以嶄新的方式體驗生活。要知道，我沒有要引導你進入危險、犧牲或不安全的情境，也不會讓你受傷或被外界的能量擺布。你即將踏上偉大的旅程，整合所有的感官，以及身體、心靈、靈魂，徜徉於自然的生命之流。好好享受吧！

安住當下

能夠持續且穩健地解讀人生，是最理想也最美好的生活方式，而這需具備基本的五大要素。

也許到目前爲止，你已經有過準確的經驗了。也許你曾經自然而然地讀懂了別人的想法，判斷了事件的實際狀況，讀出空氣，或是看見了預兆。你曾經讀過空氣，感應出發生了什麼事，又或者你覺察到對方隱藏在表象之下的訊息。也許你曾經能判斷事件的走向，快速做出決策，避免後續的麻煩與危險。也許這些決策看似偶然、隨意，也不是你平常會做的決定。然而事實上，我們都可以開發可靠的第六感——輔佐外在感官的直覺——只需要按照技巧，專注且頻繁練習即可。

開通第六感、準確解讀人生的第一大基本要素即是回到當下，與當下的身體同在，專注覺察此時此刻的周圍環境。你不只是從小我的角度來覺察生活，更是從高我的意識、靈魂的感知、內在的知曉來解讀生活大小事。

活在當下是現今社會中最具挑戰的一項要素。現在的生活，尤其是科技產品，讓我們越來越與當下脫節。我們深陷手機中的新聞事件、其他國家發生的事情、他人的八卦事件，反而與自己現在的生活脫節。我們變得疏離、麻木、被大量資訊淹沒。所以，除了錯過微小的徵兆之外，我們還錯過了周遭環境裡那些顯而易見的事件與能量。

回到當下的意義是你要意識到，跳脫大腦回到身體，乃是個人得以做到的最有力量的決定。這需要專注、覺察、反覆練習回到當下，更重要的是，持續活在當下。有些人將活在當下稱爲「正念覺察」。換句話說，活在當下是將你的注意力放在當下正在發生的事情，覺察你正在做的行爲，覺察周遭其他人當下的行爲。或許，一整天下來保持正念的狀態太超乎現實了，但是我們絕對有必要訓練自己盡可能地活在當下。

所以，讓我們開始學習吧！緩慢地經由鼻孔吸氣，專注覺察氣息進入身體的感覺。緩慢地吸氣，你會感覺自己全身都在擴展，隨著這美好的氣息進入身體，會彷彿進入喜悅的狀態，這正是我們賴以爲生的氣息。現在，吸氣的同時，觀察氣息是如何影響你的身體。觀察氣息是否能通過肋骨。假如你習慣用胸腔呼吸，試著將氣息帶入腹腔。

觀察氣息是否難以流入腹腔。如果你感覺到緊繃，輕輕地將腹部往脊椎的方向收緊，伴隨緩慢地吐氣，就像在吹蠟燭一樣。重複這個流程。再一次吸氣並感受身體中的氣息。將你的注意力帶到氣息通過的身體部位。將注意力帶到身體本身。動動腳趾，也許轉轉腳踝。將雙手放在大腿上，摩挲一下。感受你的身體。讓注意力開始關注身旁的世界，無論你在哪裡。舉例來說，你的眼前有哪些是你之前沒注意到的景象呢？你聽到了什麼聲音？花點時間慢慢來。你可以將你觀察到的一切大聲說出來，大聲說出你感受到的感覺。例如，描述你聽到的聲音。這個聲響很大聲嗎？你聽到鳥叫聲嗎？你還感覺到什麼呢？緊繃？放鬆？衣服布料接觸到皮膚的柔軟觸感？身體下方的堅硬表面？

這些微小的覺察片刻會需要你當下全神貫注。你越專注覺察當下的細節，你就越是處在當下。當你練習正念覺察時，還會發生另一件非常有趣的事情。舉例來說，當你專注於呼吸練習時，說出你眼前看到的三到四樣物品。做這個練習時，你可能會覺得很像在同時左手畫圓、右手畫方一樣彆扭，但你做得到的。你就試試看吧。觀察身體之外的景象，觀察身體之內的感受，然後大聲說出來。

接著，再做一次深呼吸，專心聆聽。你可能會注意到一件事：觀察外在世界時，越是專注於當下與身體的感受同在，內心世界的雜念就會越平靜。內心世界的雜念就是將你的注意力帶離當下的原因。然而，簡單的呼吸法、覺察身體，同時觀察身體當下的方方面面，會打斷雜念，所以你的大腦會平靜下來、放慢下來。

我們會再探討其他的冥想法，但這個方法是最快且很棒的技巧，打斷腦海中的雜念，讓你處於當下的此時此刻，處在身體裡。

覺察顯而易見的訊息

準確解讀人生的第二大要素，延伸自之前提及過的內容：觀察顯而易見的事物，亦即運用外在的五感，觀察周遭發生的一切。觀察四周，觀察你之前沒有注意到的事物。檢查、覺察、關注。

就在昨晚，我跟一位朋友吃飯，我們約在我常去的一家餐廳。我們坐在中間的位置，我看了右邊，注意到我之前沒發現的東西。那不是什麼很小的餐廳細節，而是一個巨大的魚缸，裡面一堆魚在悠遊，這個魚缸嵌在餐廳的一面牆上。哇！我之前怎麼會忽略這個魚缸？我至少來過這家餐廳五十次了。這眞的是讓我大開眼界。雖然我來過這家餐廳無數次，無論是跟朋友還是自己來用餐，我肯定沒有好好活在當下。我跟當下的環境脫節，被其他事情分心。我舉這個例子只是要告訴你，我們很容易分心，很容易錯過周遭的一切。

無論你去到哪裡，花點時間觀察你之前從未注意到的事物，兩到三件就好。如同我之前提過的，我在巴黎和倫敦來回居住。然而，我的事業合夥人兼經紀人住在美國威斯康辛州。我們常常交談，主要都透過手機。有一天，我們透過會議軟體 Zoom 對談，那時候是我睽違六個月第一次看到他的樣子。跟他認識了二十五年，我注意到他的第一件事就是他留了鬍子。這告訴我他想要改變形象。當我提起這件事，他笑了笑並說：「對啊，我需要改變一下，我覺得留鬍子會是不錯的第一步。」注意到他留了鬍子，讓我可以覺察到他現在的狀態，讓我得以跟如今的他維持連結，而非停留在六個月前或六年前的印象。除此之外，他也很開心我有注意到他留了鬍子。他很開心我有全然地活在當下，注意到他現在的樣子。

若你將注意力融入生活，萬事萬物都會變得清晰，你也總能獲取需要的訊息，並打斷腦海中的雜念，因為這些雜念會消耗你的能量，使你分心，麻痺你的覺察力。

追蹤能量

第三大要素就是覺察生命中流動的能量，覺察發生的動靜。這個動靜是來自外在還是內在呢？這個動靜是發生在物質世界還是能量世界呢？

讓我們來一一分析。假設你坐在車裡，路上塞車，而你必須解讀車外的交通狀況，因為你等一下要赴約。你已經遲到了，可是交通壅塞。當你遇到塞車時，與其煩惱到忘記呼吸，不如專心觀察，不只是觀察周圍的車輛，還要感應交通狀況散發出來的能量。只要你切換你的意識和注意力，將意圖放在**想要**感應能量，你就能夠捕捉到能量的感受。如果交通壅塞、車速緩慢，就感應哪裡可能比較暢通，尋找一下、感覺一下，並大聲說出來。

將注意力放到當下發生的事情，對你來說是個新技能，你可能會覺得很怪，所以小我會冒出來抗議。如果你是過度分析或太過理性的性格，可能會覺得這個舉動太荒謬了，但是這其實一點都不荒謬。我們都具備這種能力，可以接通在第三次元表象之外的訊息。萬事萬物都在流動。雖然交通壅塞、車速緩慢，但車流依舊在移動。如果你習慣開車出門，那麼你可以追蹤符合你意圖的能量或頻率。但你必須去注意能量的流動！如果你被焦慮和煩惱困住、悶悶不樂，你就會錯過能量的流動。

有一天早晨，我搭了一輛計程車，發現司機很焦慮不安。我不知道原因，但他並沒有好好感受車況的流動。前往目的地的路途中，他都沒有好好感受車況的能量流，還差點撞到單車騎士。他甚至與其他車主互按喇叭叫囂。在駛進某一條車道時，有另一輛車也要開進來，他又突然急煞。他整個人很明顯地焦躁不安，被內心的煩憂占據了理智，沒有活在當下好好連結周圍的能量流動。我搭計程車的經驗告訴我，最好不要糾正司機，因爲司機的防衛心會變得很強。然而，我還是開口跟司機聊了，我跟他說今天眞美好就跟春天一樣，儘管當時是冬天。我試著改變他的能量，讓他平靜下來。他也漸漸校準了自己，連結到了車況的能量流動。後來的車程中，氣氛就變得平靜、自在和愉悅了。

連結心之中心

準確解讀人生的第四大要素則是歸於中心、扎根自身。換句話說，就是回到你的身體，找到那個中心點。這意味著吸氣時，將意念帶到你認爲的中心點。

試想一下，如果我請你將手放在身體的中心，你覺得那個中心點在哪裡。四十多年來，我在課堂中會邀請學生做這個練習，多數學生通常都會將手放在胸口或胃部，或是這兩個部位之間。這個位置是你的高我、你的靈魂、你的較高意識居住之處，因此，將你的注意力帶到此處。這會讓你暫時遠離小我，因爲小我只能以有限的視野去覺察一切。這也能打開一扇門，啓動以心爲出發點的連結。

連結心之中心是強大又重要的意識轉變，有助於解讀生活當中那些難以察覺的能量。有些人會說這會讓你變得更有同理心，有些人則說「專注於內在那個更具慈悲心的自己」。但是我注意到，這並非邀請你回到心之中心的最佳方法。我反而喜歡這麼說：「安住於你的心。」人們馬上就會理解這是要切換意識頻道。當你安住於心中，你會開放自己。你自然而然就會敞開自己。你不會那麼封閉，防衛心會降低。

花點時間確認一下，現在，你的心是什麼狀態呢？是封閉的嗎？防衛心很重嗎？是否隔絕了外界？你的心是你熟悉的地方嗎？你是否常常安住在心中呢？還是安住心中對你來說很難，因爲這個世界讓你壓力重重？

多數人會發現到自己能夠回到內心，但心的敞開程度並不大，因爲他們總是處在懼怕的狀態。因此，將意念焦點帶回心上，呼吸時想像你的心敞開了一點，就像打開一扇門或一扇窗。你即將用這敞開、包容、開放、充滿好奇心的意識，感知你的生命。你會開始注意到兩者在解讀人生時的差別——一個是封閉、警覺、防衛的心，另一個則是敞開的心。

把某位你想要連結或了解的人，帶入你的心中。此人可能是父親或母親、伴侶、同事、小孩、朋友，或是你在社交場合認識的人。跟前面的練習一樣，緩慢地從鼻孔吸氣，讓自己安住當下。現在，深深地吐氣如吹熄蠟燭一樣，想像自己吹散雲霧。

以敞開的心，詢問自己：「關於對方，我需要知道什麼會對我有幫助呢？」抱持著好奇心，接受浮現在腦海的任何訊息。這不會是符合邏輯的答案。你接受到的訊息會來自內在感知、你的高我、你與他人建立的心之連結。無論腦海浮現什麼訊息，都迅速大聲說出來，不要思考，不要試圖糾正或猜測。只要讓自己說出腦海中隨機蹦出來的訊息就好。

現在，針對這個練習，有些人會說：「我沒有得到任何訊息呀。」如果是這樣，那你就說：「假如我可以從中獲得什麼訊息，或者，哪怕這只是我的幻想，讓想像力運作，有什麼是我現在不知道，但我可以知道的呢？」

我有位客戶正爲極度在意細節的主管所苦，但是她需要這份工作，而且她也滿喜歡這份工作。我請她試著對主管使用這個心之連結技巧，看看是否可以更了解主管的其他面向，改善與主管的關係。

起初，她的態度不置可否，絲毫不感興趣，也不願意嘗試。她微慍地說道：「你要我敞開心胸去連結對我不好的人？」

我回她：「不是的。我只是邀請你敞開心胸接收新的訊息，接收你不清楚的新洞見，這會讓你更安心。」

「好吧。」她說道，雖然心有懷疑，但願意嘗試了。她將一隻手放到心上，在腦海中呼喚主管，請她的靈魂告訴她需要知道的訊息。她馬上就意識到主管正苦於身體病痛，而她之前沒發現到，她的主管也肯定沒說過這件事。她意識到身體疼痛讓主管非常害怕可能會飯碗不保，因爲她害怕自己沒辦法履行工作職責。我的客戶說：「她逼迫其他人做得更多，因爲她自己沒辦法做到她覺得自己需要做到的工作內容。」

那一刻，她才「啊哈」一聲，瞬間頓悟。這就是你在使用心之連結時，知道自己有成功接收到訊息的跡象。「啊哈」的聲音，其實也反映出敞開的心。「啊哈！」現在就開口說出「啊哈」吧。注意觀察這個聲音在你的內心共振以及從你的內心共振的過程。

這個簡單的詢問，大幅改變了我的客戶對主管的觀點。她感覺到自己現在終於可以放鬆了，也了解到實際情況。因爲如此，我的客戶的內心也更加敞開。她說：「我懂了。我現在可以繼續維持這樣的工作關係，不會困擾於主管的行爲。我可能甚至會對她更友善。」

這就是解讀人生的大重點：改善你的日常互動關係。我的客戶體驗到了一個非常重要且珍貴的意識轉變，打開心扉的訊息解讀對她的職場帶來了莫大的幫助。

相信你接收到的訊息

最後一大要素就是相信你接收到的訊息。這是最重要的要素。我們會接收到各式各樣的訊息，但小我會接著蹦出來說：「你又是怎麼知道的？你怎麼確定你是對的？這其中的邏輯在哪？我需要證據。」

你必須理解，解讀人生的你其實是接通了還沒被證實或驗證的訊息。那些訊息是流動中的能量，無法被數據分析或解釋。那是未被言說的生命經驗。因此，你可以這麼回覆小我：

「我暫時沒有證據，但我信任我的感知，我遵從我的感應。」

如你所見，解讀人生時，你在做的是一個重大的決定，決定你在生活中打算注意和發現的到底是什麼。你不再把自己侷限在左腦思維的生命觀——堅持所有感知到的一切都必須立刻有實證，否則就不可信。你會開始注意到能量的世界，理解到物質世界不是世界的全貌，你的內在感知能揭露更多訊息給你。這聽起來貌似是風險很大的挑戰，但這實際上是能讓你自由的決定，因爲你不再被虛假的表象控制，而是能看見世界的眞實。你會看到更多、連接更多訊息，你會更安住當下，並敞開接受眞實的現況。這會讓你擺脫狹隘、受到小我束縛的人生，因爲這種狹隘的小我無法準確解讀任何訊息。

意識的根本轉變

因此，讓我們複習一下這些基本步驟。這些都是根本的意識轉變，幫助我們更自然、更持續、更準確地解讀生命萬象。

1. 活在當下，不錯漏任何跡象。這需要持續性、覺察力、專注力，這也是我在接下來的章節會深入探討的內容。活在當下是從你的呼吸開始，從將焦點帶回身體開始，從感受能量在你周圍流動開始。
2. 注意顯而易見的跡象。我學習解讀人生和運用直覺的第一堂課，就是去注意顯而易見和微小的跡象。
3. 不只是要觀察肉眼可見的事情，也要觀察細微的能量，這會幫助你發現並連結到生命之流。
4. 回到內心回應那股能量，讓高我引領你。如此一來，你的意圖就會源自於清明的意識，源自於明晰的洞察力而做的決定，你的身心就會安定。
5. 相信你接收到的訊息，即便小我會要求你給他「證據」。

意識的轉變需要日復一日花心力練習，可能會徹底顛覆你的人生經驗。也許你沒有安住於當下；也許你沒有注意周遭事物的習慣，更別說更微小的跡象；或許你從未關注過周圍的能量流動，除非周遭的狀態讓你焦躁不安；或許你從未相信非物質世界的能量存在，也從未根據內在感應而行事。若是如此，這些意識的轉變對你而言會是刺激的旅程。你會馬上認知到能量世界就跟物質世界一樣眞實，一旦你注意到這件事，你便能迅速以驚人的準確度來解讀人生大小事了。

將這些根本的意識轉變整合進你的生活，會需要花點心力，但到最後，你會發現這其實並不難。你也不需要一整天都跟上述的練習一樣如此專注。你只要早上花個五分鐘時間，注意你的周遭環境，安住當下，注意顯而易見和難以察覺的事物，感受那股能量，連結實際上發生的現況，讓靈魂去回應你發現到的訊息即可。

養成調整頻率、覺察能量的習慣，盡力去辨識能量訊息，隨著能量流的指引，選擇最隨性、最有美好振動頻率的方向。你也可以在手機或手錶上設定好鬧鐘，提醒你練習。每隔三個小時，花五分鐘時間將能量帶回當下，觀察眼前發生的事，調整頻率。如果有需要，就根據你接收到的訊息來行事。如果你一天練習三到四次，你就能在二十一天之內，自然而然地解讀人生了。

這些基本練習會訓練你以更清晰、更高頻率和更準確的方式，感知一切事物，包含物質與非物質世界。這些練習也會舒緩過往傷痛帶來的壓力，緩解對未來的焦慮。你會安住在生命之流裡，身心自在，往你想達成的目標前進。

一旦你認知到能量世界的存在，你就無法忽略或否認了。你可以選擇是否要重視能量世界。然而，一旦你意識到它的存在，你就會敞開自己去覺察能量的精微境界，並善用你接收到的訊息。

既然你已經理解了這些根本練習，現在我們要聚焦於生活的特定領域，將解讀人生的技巧應用在這些生活領域裡，這會立刻爲你帶來妙不可言的洞見和好處。

第10章
精準解讀自己

在本章，我們會深入探討精準解讀自己的重要性，以及解讀自己的最佳方法。爲什麼解讀自己那麼重要？解讀人生乃從精準解讀自己開始，因爲你就是解讀周遭一切的那位解讀家。然而，如果你內在充滿迷霧、混沌不明、沒有扎根接地、防衛心重，甚至投射虛妄的念頭，並且錯誤解讀人生，這些混亂反而會反映到外在世界！換句話說，假如你內在清明、安住當下，且與眞實的自我連結、支持自己，遵從讓身心健康且與內在一致的言行和選擇，你自然而然便能準確解讀周圍的世界了。你會變得更清晰，更不容易做出錯誤的推測。你會變得更冷靜，更能調頻校準周圍的人和機會，因爲你與萬事萬物之間的狀態更加清晰、平靜、開放。

知道你的價値觀

精準解讀自己的第一步就是意識到自己的價値觀和優先順序。讓你這麼做的原因是什麼？啓發激勵你的是什麼？你正往什麼目標邁進？你的人生的基礎核心是什麼？

我們的價値觀主宰著人生中大大小小的選擇和優先順序。我們的價値觀透露出對我們來說有意義的事物。你能夠列出你目前最主要的五大價値觀嗎？如果你需要協助才能釐清這個問題，那請試想一下：你的價値觀是能賦予你生命意義，並且是你覺得重要的事情。也許你其中一項價値觀是在身體裡感到安全踏實，或是與你在乎的人維繫關係。也許進行能發揮創造力的事，做一些能揮灑心靈和靈魂的事情，是你在意的價値觀。或許你的價値觀是成爲可靠有紀律的人。

我們的價値觀可能也會比較難釐清。也許你好久都沒有思考過，或是你可能自然而然地就遵循從小被灌輸的價値觀，沒有特別審視那些價値觀是否符合現今的自己。這也是爲什麼要清楚了解自己的價値觀。所以，早晨起床時，思考對你來說重要的是什麼？你覺得最符合你自己的是什麼？

我有一位客戶認爲健康比什麼都重要，也因此她有特定的飲食習慣。她投入時間健身、做瑜伽、騎單車、在大自然中散步。這對她來說很重要，而她投入的程度遭致一些批評的聲音，但她不在乎。她曾經跟我說：「如果我跟身體同在，如果我讓身體動起來，如果我照料我的飲食，我會覺得自己很強大。這對我來說就是做自己。」

我有另一位客戶並不是很在意他的身體，這一點也反映在他的生活中。他的健康狀況不好，但他一點也不會抱怨。相反的，他非常重視創意。他可以整天待在電腦前做設計。他跟我說過：「如果我發揮創意，將時間和注意力投注在設計，創造出我腦海中的點子，我會很快樂。」

我的另一位客戶則是重視他的關係，重視到他覺得人際關係比一切都重要。她的朋友、家人、伴侶比工作重要，比健康重要，比任何事物都重要。她說：「跟我在乎的人維繫有意義的關係，陪伴他們，對我來說是最重要的事情。這也是爲什麼我做三份兼職工作，而不是一份全職工作，這樣我才有彈性的時間可以陪伴丈夫和孩子。我也可以陪伴年邁的父母。我很滿意。」

了解自己的價值觀，並審視是否符合現在的自己，是精準解讀自己的絕佳方式。我有位客戶，他說他在基督教家庭長大，非常重視禮拜。他跟我承認：「我的價值觀主導著生活中的是非對錯，帶著批評去判斷『這個好，那個不好』。過去半年來，我發現這些習慣雖然深深根植在我的心裡，我被強加這些價值觀，但它們已經不符合現在的我了。」

這讓他內心掙扎了好一陣子。他不再去教會做禮拜。他拋棄了黑白分明的觀點，開始學習佛教、冥想，學習內在自我引導的方法。當然，他的家人很反對這件事，但是他堅持不肯背離眞實的自己。這條新的人生道路準確地反映出他現在眞心重視且能帶給他內在平靜的價值觀。

你的價值觀反映出生活中重要的事情，而價值觀是會變的。這也是爲什麼偶爾要重新思考你的價值觀，並調整人生中的優先順序。

認清你的優先事項與責任

精準解讀自己的第二部分就是釐清你的優先事項，檢視它們是否與你的行爲一致。有時候當優先順序跟行爲不一致時，就會製造內心混亂。

我有位客戶，他的首要目標是投注心力在他與朋友剛創立的公司，但是這份工作支付不了他的生活開銷。他仍得仰賴朋友、家人、伴侶來幫忙分攤開銷，這在他摯愛的人心中產生了許多不滿和怨懟。他不得不開始思考，這個首要目標是否能讓他爲自己的人生負責，又或者他悄悄逃避了自己本應承擔的責任。

所以，這就是下面要提醒你的。你的責任是什麼？我們不一定會花時間思考我們的責任。一直以來，我們了解自己責任的方式都是因爲暗示、推敲，而非直接了當且有意識地承認、承諾。

作爲一個成人，你必須負責滿足自己的基本需求。你有責任要認知到對你而言最重要的是什麼並致力於此，跟他人說明你的處境，讓對方清楚明白，而不會陷入猜測之中。

此外，你也得爲自己的情緒負起責任。這對許多人來說是個嶄新的概念。「可是，是他讓我有這個情緒的！這是她的錯！」這樣看待事情的角度極度幼稚，而且也不準確。這種觀念會讓你變成受害者，將人生的主導權交給別人。但是當你釐清價值觀和優先順位後，你就會願意擔起人生的責任，覺察自己的內在感知，進而開始讓內在感知引導你，協助你達成人生目標。

覺察你的身體

如果要精確地解讀自己，就從你的身體開始，從向內探尋開始。花點時間掃描身體。你的身體有什麼感覺呢？你的身體裡面發生了什麼事？你有感覺到身體哪裡在疼痛嗎？你口渴嗎？疲累嗎？身體會想要站起來伸展一下嗎？你有覺察到自己是否安住在身體裡嗎？

對很多人來說，這是巨大的意識轉變，因爲我們的身心已經變得麻木。然而，如果我們沒辦法好好解讀自己的身體狀態，身體就無法帶我們去到想去的目標了。

接下來，問問你的內在感知：「我該如何好好照顧我的身體？我的身體需要什麼才會更健康？」如果你眞心好奇，你就會感知到答案。你也可以直接跟身體對話。這是最快速有效的方法。如果你的背在痛，直接問你的背部：「你怎麼了？爲什麼會痛？」承認身體當下感受到的感覺，注意你的直覺告訴你的訊息。訊息可能很微弱，但你一定能感覺得到。我們多數人從來沒有想過要跟身體講話，更遑論聆聽身體的聲音。然而，身體其實一直不斷在跟我們對話，訴說它的需求。如果我們願意，聆聽身體的聲音其實是很簡單的事情。

詢問身體，你需要改變哪種習慣，或是做出哪些改變和選擇，才能讓身體更健康？舉例來說，你的身體可能會告訴你要戒掉乳製品。又或者，不要碰含麩質的食物，或是多喝水。也許，你的身體想要你戒掉酒精，或是增加睡眠時間，又或者是去運動。只要你開口詢問，你就會感應到身體的需求。花點時間，帶著好奇心，留意身體給你的訊息。

關注你的能量和情緒

掃描完你的身體後，我們要聚焦在你的情緒/能量體。留意你正在散發、承載、經歷的是什麼樣的能量。以客觀的好奇心，問問自己：「我感覺如何？」接著開口描述出來。「我有害怕嗎？興奮？孤單？壓力太大無法喘息？生氣？」

一旦你辨識出當前的情緒，請深入觀察該情緒。假如你注意到自己有恐懼的能量，問問自己在害怕什麼。這份恐懼是當下正在發生的危機嗎？抑或是過去的慣性反應呢？

也許你現在的情緒是憤怒。許多人的內心都有憤怒，但是自己不知情，或是拒絕承認憤怒的情緒。他們會情緒激動、反應激烈，甚至突然情緒爆炸，可是卻從不認爲自己在生氣。對女性來說尤其如此，因爲我們女性常被灌輸不可以憤怒。你的憤怒會儲存在身體裡，從你的言行舉止傳達出來，從能量場散發出來。你只能壓抑憤怒，但即使如此，你也無法壓抑一輩子。你要知道，你在其他人的眼中其實並沒有把憤怒藏得很好。他們會察覺到你的憤怒，防衛心會升起或是遠離你，抑或是反擊你。此外，隱藏或壓抑憤怒並不是一件好事。憤怒只是要讓我們知道，你的界線被逾越了，抑或是你的主導權被奪走了。因此，留意你的憤怒，並歡迎它傳遞的訊息。

如同身體一樣，請跟你的情緒對話吧。你被逾越了什麼界線呢？你沒有堅守哪道界線呢？別人沒有尊重你的哪道界線呢？是誰還是什麼事情掌控了你？你在什麼時候應該說「不」，卻沉默妥協？你在什麼時候應該拒絕，卻違心答應？

此外，我們可能過度專注在身體症狀的表象，卻沒有意識到這些症狀往往指向更深層的情緒或能量問題。每一個身體症狀都隱藏著被壓抑的能量或情緒。

我有一位客戶在頸後與背後長了一大片紅疹，她去了一間又一間的皮膚科治療紅疹。這些醫生開了一堆藥物，給了她一堆治療建議。醫生建議她改穿別種布料的衣服，不要噴香水，更換不同成分的洗衣皂。她一一照做，但是紅疹仍沒有好轉。接著，她詢問了內心的情緒：「這些紅疹到底是怎麼回事？」情緒告訴她：「你對跟你共事的人『過敏』，那些人讓你極度煩躁。」

意外收到這個回答，她笑了出來，但也知道這是眞的。她任職於緊急救難專線中心。她原本熱忱滿滿想要爲世界盡一份心力，卻發現自己身邊都是漠不關心、敷衍了事的同事，這些人有時候還會嘲笑打進專線的民眾，讓她震驚不已，也氣憤難耐。

儘管她的左腦告訴她「不是這樣的」，但是她知道自己的內在訊息是對的。她對這樣的職場環境過敏。因此，她辭掉了工作，而背後的紅疹不到六週就消退了。

我們的身體、心靈、靈魂是環環相扣的一體，因此，如果你想要更了解自己，就定期與你的身體、心靈、靈魂對話。

在解讀自己的過程中，經常審視自己的身、心、靈。詢問內在：「我的價值觀有哪些？我的優先順序有哪些？我現在感受到哪些情緒？我害怕的是什麼？讓我生氣的是什麼？哪一道界線沒有被尊重？我有哪些習慣是壞習慣？是誰或是什麼事情讓我心煩意亂？爲什麼？我有爲自己的人生負責嗎？我是不是反應過度了？我把自己逼得太緊了嗎？我是不是不夠努力？我有好好聆聽內在感知嗎？我是否表裡如一？」

每一天都問自己這些問題。你會不斷挖掘出更多內在的洞見。

了解你喜愛的事物

除了不易理解的情緒之外，你也要知道自己喜愛的是什麼並且列出來。問問你的靈魂。問問你的心。這是精準解讀自己的強大方法。

當你承認並遵循你所愛的事物、在乎的事物、讓你愉悅的事物，你便能因此校準眞實的自己。留心觀察愛的能量是如何強化你的身體，平靜你的心靈，將你的意識帶回當下，協助你成爲眞實的自己，推動你進入平靜的意識中。

也許我們沒辦法隨時隨地都從事我們喜愛的事物，但是如果連一丁點喜愛的事都不做，我們的生命就會變得沉重不已、混沌不安，周遭的負面能量都會被我們吸收。「愛」能清除有害的能量、情緒和感受。「愛」如同能量浴，能潔淨我們的身、心、靈。

有一個簡單的方式可以將愛的能量帶入能量場——只要每天大聲念出你愛的事物即可。就算你暫時無法追求你所愛的事物，無法直接從事你愛的活動，這個方法依舊能振奮你的精神，讓你重新回到完整的自己。

設定你的意圖

比起那些渾渾噩噩、毫無目標地度過人生的人，設定好意圖的人更能調頻校準眞實的自己，活出渴望成爲的自己。我常常說，這就像走進人潮往來的車站裡，而你的腦海中卻沒有目的地。你會被人潮推著走，最後發現自己走到了自己根本不想去的地方。假如你內心毫無目標，你就會被周遭的能量干擾影響，迷失方向，失去自我。

辨別自己的人生目標對有些人來說常常是一件難事。他們會說：「我不知道自己想要什麼，我沒有想法。」若是如此，請從今天開始設定一天的目標。「我今天想做什麼呢？此刻最重要的是什麼呢？我需要專注在什麼上面呢？」你不需要列一長串問題。你的當日目標可以僅是一件事情就好：「我打算今天完成一項專案。」「我打算花二十分鐘陪伴小孩。」「我打算出外散步。」「我打算打電話跟父母聊聊天。」

你越是帶著清晰的意圖好好生活，解讀自己的能力就會增強，你也越容易達成設定好的目標。

如果要讓意圖清楚明瞭，每一天都要大聲說出來，最好能寫在筆記本裡面。動筆寫下來意味著你看重這個意圖。記錄的過程會強化你的意圖，會更加意識到對你而言眞正重要的是什麼。若你清楚自己的意圖，你的外在感知就會幫助你看見實踐意圖的方法，你的內在感知會引導你直接抵達目標。相信我，這會自然而然發生。

生命不是被動的歷程。當你越是精準解讀自己，你就會開始明瞭，你有絕對的主導權可以透過覺察和選擇，掌控你每一天發生的事。生命會跟魔法一樣，校準你的優先順序、價值觀、人生目標和意圖。

停下來一會兒，反思一下你的意圖。你可以列出一個意圖嗎？從一件事開始——假如達成，會讓你非常開心的那件事。那件事可以是非常生活化的事情。「我打算打掃家裡。我打算完成報告。我打算平衡我的收支帳目。我打算幫汽車輪胎充氣。爲了應徵工作，我打算聯繫三個人。」

事實上，意圖越少、越簡單，達成的機率就越高。而且，你的內在自我和外在感知會引導你走一條最簡單、最直接的道路，完成這些意圖。

我們在本章探討過的內容都能歸類到一個眞相：如果要精準解讀自己，你就必須承認此刻當下的自己發生了什麼事。今天的你是誰？對現在的你來說，重要的是什麼？你的價值觀有哪些？你的優先順序有哪些？你現在的感受是什麼？你喜愛的是什麼？你想要什麼事情發生？什麼事情阻礙了你？

總之，對許多人來說，準確解讀自己會大幅改變人生態度。許多人沒有反思的習慣，因此更需要練習自我覺察。他們沒有專心思考自己到底要去哪裡、需要什麼、爲什麼要這麼做。他們在做的只是生存，而非盡力生活。生存是低等、小我主導的生活方式，無法帶來喜悅、連結或幸福感。當你開始精準地解讀自己，你會脫離這種侷限的狀態，與更偉大、更有創造力、更有活力的自我校準，這會促使你與他人都有眞誠的人際關係。

第11章
精準解讀自己的技巧

現在你已經了解了精準解讀自己的重要性，我在本章中會分享日常都能運用的進階技巧。這些技巧會幫助你在能量上定期與自己校準，保持明晰、安定和眞實的自己。這些技巧會在你精準解讀生命所有面向時，爲你的人生帶來奇蹟。試試這些技巧，評估哪一種最吸引你，並記得要定期練習。

打造喘息之屋

校準靈魂並精準解讀自己的技巧中，有一個最強大的技巧，那就是打造「喘息之屋」。

這是你透過意圖打造的神聖能量場域，隔開侵略性的念頭、他人的能量、雜亂不堪的情緒、致使分心的事物，以及任何會模糊你的生活、視野和生命經歷的一切。

打造喘息之屋的最佳時機是在清晨的時候，因為你可以在開始一整天的行程之前，打造這個美麗又神聖的能量場域。喘息之屋就如同防護罩，只讓美好的能量進入，抵禦所有干擾、爛事和不和諧的能量，保護你的身心安全。我會分享一系列不同的方式，教你打造喘息之屋。但是首先，讓我們從冥想練習開始。

可以的話，在椅子上坐好，雙腳平放地面，雙手放在大腿上。緩慢地從鼻子吸氣，從嘴巴吐氣。重複三到四次。這項練習會喚醒你的生命力，引導生命力在體內流動。如果有需要，身體稍微向左傾，接著稍微向右傾。轉動你的頭部，動動你的肩膀，伸直單腳，再伸直另一隻腳。轉一下你的腳踝。花個三十秒到一分鐘，輕柔地喚醒你的身體。

準備好後，將雙腳平放地面，雙手放在大腿上，開始看向四周。留心觀察空間中三樣你喜歡的美麗事物——也許是窗外升起的太陽，也許是角落裡的美麗盆栽，或許你看到一張相片，相片裡有著你在乎的人。這三樣美好事物會振奮你的精神、滋養你的能量。觀察自己連結了生命中的美好之後，你感覺自己更加強大。你與自我的連結會更深，你更能安住於當下，心靈更加敞開，更活在此時此地。

接著，閉上雙眼，慢慢地從鼻子呼吸。吸氣時，意念跟著氣息一路往下進入太陽神經叢或是你的肚臍。讓肩膀緩慢、輕柔地稍微向後伸展。吸飽氣之後，輕柔緩慢地將肚子往脊椎的方向收縮，慢慢地用嘴巴吐氣，跟吹蠟燭一樣。腹部越往脊椎內收，你就能吐出更多空氣，直到你再也無法吐出一絲氣息。

再一次將氣息吸入太陽神經叢，但不要刻意用力。看看自己是否能將氣息進一步往下帶入尾椎。現在，吐氣。同時，心裡想著要釋放能量場和身心靈中那無法在至善層面支持你活出美好人生的一切。你正用吐出的長長氣息排出所有的髒汙。不要急。

完成後，再次吸氣，但是這一次要想像自己吸入美好、淨化、潔淨的白色之光，讓白色之光沖刷你，讓你全身上下所有層面都進入平靜。吐氣時，盡量打開下顎，直到耳朵發出微微的「喀」一聲。這個過程中，你會感覺到自己的喉嚨、上胸腔、心都跟著打開了。這種做開的感覺會一路直達腹部。接著，深吐一口氣時大聲嘆氣，同時想像自己坐溜滑梯一路往下，從頭部進入胸腔，進入心的空間。吐完氣之後，再次深吸一口氣。微笑。微笑時，想像自己打開心的窗簾，打開前面和後面的窗簾，這麼做可以讓自己接收更多生命能量、愛與支持。

接下來，想像心的中央有一處空間，開始往前、後、左、右、上、下方放射出美麗的金白色之光，從你的身體綻放出來，形成距離皮膚九十公分到一公尺範圍的神聖場域。

現在，想像自己身處一個如帳篷般展開的能量空間，空間內充滿著金白色之光——這就是你的喘息之屋。這個場域清透乾淨，能平靜你的心靈。在喘息之屋裡，你很安全、備受保護。只有符合無條件的愛的振動頻率，才能進入喘息之屋。這是你的神聖安全場域。

只要你打造好了這個神聖場域，你後續就可以做各種事情。你可以花個幾分鐘做呼吸練習，在喘息之屋裡恢復身心精力、靜心冥想。讓身體好好放鬆就好。讓情緒變得祥和寧靜。釋放那些困擾你的事物，讓自己處在寧靜、不受任何影響、開放的狀態。進行上述流程時，你會開始注意到，外在五感自然而然就平靜了下來，小我的雜念也安靜了，你會進入更放鬆、更自在的冥想狀態，單純地聆聽和沉思。

校準你的神聖自我

待在喘息之屋裡的時候，想像自己跟神聖自我，也就是你的高我對話。你可以談論各種你想要知道的主題。想像你的內在感知被開啓，而你的靈魂準備好要提供你指引。

做個幾次深呼吸，想像自己連結到你的靈魂。在喘息之屋裡，你能跟自己的靈魂交流，就任何有利於自身福祉或生活大小事，請求指引。你可以詢問靈魂：「有什麼是我需要知道，但我還沒有正視的事情嗎？」或是問靈魂：「我忽略了什麼需要留心的事情嗎？假如有注意到，是否可以緩解生活中的壓力和糟糕事？」又或者：「我該如何改善我的人際關係？我該如何變得更有愛且更開放？」甚至你可以問：「我該去哪裡度假？」

可以的話，大聲說出你的問題，接著深呼吸等待答案浮現。我不希望你是在大腦裡翻攪尋找答案。我希望你是安住於你的心，專注於呼吸上，靜待答案或方向浮現。你很有可能無法馬上得到回覆。不要擔心。你已經建構好接收答案的訊息通道，答案會自己浮現。放輕鬆，接受可能會發生的靜默或沒有答案浮現。

要知道，你已經搭建了通往神聖自我的橋梁，這才是最重要的。你已經連結了具有神聖意識的自我，以及你精微的神聖內在知曉。你的外在感知已經進入寧靜，而你打造了純淨又沉穩的神聖場域。過不了多久，答案就會自己浮現出來。

假如你很快就獲得了答案，大聲說出來，將答案帶到心中。如果你沒有接收到答案，就說：「謝謝你，我期望答案自己浮現。」接著期待答案浮現，因爲它絕對會浮現。答案可能會在你洗衣服的時候浮現，又或者在你洗澡時浮現，抑或是在你開車去上班的途中浮現。通常，答案會在二十四小時內出現。我教導人們解讀人生已經很多年了，幾乎沒聽說過有學生在二十四小時內沒接收到答案的，除非是他們自己不願意聆聽眞實的答案，所以自己阻礙答案浮現。假如你是眞心向靈魂詢問，你就會得到答案，或是接收到讓你恍然大悟的靈感幫助你前進。

如何知道接收到的指引值得相信

客戶通常會問我：「我接收到答案了，但我要怎麼確定答案是對的？」

我們能夠辨認出眞實的內在指引是因爲這些指引通常簡短、直接。來自靈魂的答案都很簡短、正面、直指核心。小我則完全相反，小我的答案冗長不已，而你的靈魂惜字如金。有時候，你的答案也不是以文字的形式呈現。你可能會感受到一種感覺，或是內在的知曉。某個念頭可能會悄然浮現，或是心中蹦出某個靈感，某個靈光會突然閃現在你的腦海。你會知道那是給你的答案，因爲它會讓你恍然大悟。你會感覺到這是對的。無論指引會以哪種方式出現，無論你會收到什麼指引，你不一定得要遵循它。你可以選擇是否要遵循指引。就靜靜地讓答案沉澱個一個小時或是一天。需要多久時間，就花多久時間沉澱。反思完答案，沉澱完之後，你就會清楚明瞭這個答案就是你接下來要採取的行動，或是最有效的解決方案。

要記得，你接收到的訊息或指引可能不會是小我喜歡的，也可能不會是你想要的，因此，一定要記得選擇權在你身上。無論會接收到什麼答案，都允許它浮現。大聲說出你接收到的答案後，你可能會想要記錄下來，但你不必立即採取行動。內在指引給你的建議會幫助你反思眞實的情況，它會指引你方向，協助你揮灑創意，促進靈魂成長。但你依然有選擇權可以拒絕接受。

如果訊息簡潔、正面、直指核心，就可以放在心上。如果答案比較慢才出現，而且有點難懂，那就寫下來，讓訊息沉澱一會兒再決定是否要聽從這個答案。如果你收到的答案非常冗長，尤其是以「你應該這麼做」的形式回答你，還帶著很強烈的情緒，那麼我建議你忽略這個訊息。這是小我在回答你。無論你是爲自己解讀還是爲他人解讀，眞正的指引從來不會過度複雜或具強迫性，也不會干預你的自由意志。

靈感書寫

能有效幫助你精準解讀自己的另一項工具就是靈感書寫。這種帶著意圖的筆記方式能直接跟你的內在自我對話。準備一本好用的筆記本和一支好寫的筆，安排一個固定的書寫時間。時間至少要有十五分鐘，讓你可以坐下來好好書寫。

靈感書寫並非跟傳統的日記一樣，不是要讓你重新回顧或反思過往經歷。靈感書寫是讓你直接跟神聖自我對話。

坐下來之後，準備好紙筆，進入你的喘息之屋，讓自己處於純淨、不受干擾的狀態，問問自己：「我真心想要知道的是什麼？」

這是精準解讀自己人生的重要環節，也呼應我們在第一部分討論過的內容：你是否能敞開自己接收洞見、方向、指引，無論這些答案是否符合你現在的生活。

書寫時，意念專注於跟自己的靈魂溝通。如果你幫自己的靈魂取一個名字，也會讓溝通的過程更順利。我的靈魂名字是「燦爛之光」。當我在進行靈感書寫時，我溝通的對象就是燦爛之光。每一次我以這種方式跟靈魂連結，我就會收到無數的洞見與靈感。說實話，我有好幾本書都是以靈感書寫的方式進行的。假使你眞心地敞開自己，你就會接收到足夠多的訊息。

持續進行靈感書寫會對你很有幫助，因爲這能訓練你的意識和潛意識心靈，讓它們暫退一旁，好讓靈魂能夠順利跟你對話。持續性也能訓練你的內在感知能進一步跟你溝通。如果要順利進行靈感書寫，就要安排合理的時間。早上十點透過書寫與靈魂溝通，對你來說是可行的嗎？那是你平日最忙碌的時候嗎？也許更好的時間點會是早上七點，在開始一天的行程之前進行。也許更好的時間點是晚上十點，在一天的行程結束後。務實一點，選擇一個你知道自己可以全心投入在靈感書寫的時間。

進行靈感書寫之前，花點時間讓自己的身心安定下來。按部就班進行：打造喘息之屋，拿起筆，準備好你的筆記本，開始透過書寫與靈魂對話。

寫信給神聖的你，這奧祕深邃的內在知曉，就是你那眞實不虛的眞正本質。詢問你內心眞正想了解的問題。如果你正困擾於某件事，就詢問：「針對這件事，我漏掉了什麼細節？我需要知道什麼我現在還不知道的事？我是怎麼製造了自己的問題？我該如何才能脫離困境？」

你越是眞誠地敞開自己，你就越能接收到更多指引。寫下你想問的問題後，把筆放下，沉澱一會兒。靜下心來，讓問題抵達你的靈魂深處，身體往後傾靠在椅背上，透過鼻子吸氣，再經由嘴巴吐氣，如同吹熄蠟燭一般。重複幾次呼吸練習，直到你感覺自己的神聖靈魂準備好要回答你的問題。你的內在會浮現一股回信的強烈衝動，這時候你就可以開始寫信了。

我建議你持續書寫十五分鐘，過程中都不要停筆。這連續不間斷的書寫過程能夠排除小我和左腦的干擾，它們最終會放棄抵抗。你的意識會從左腦切換到右腦，兩到三分鐘之內，直覺的洞見就會自然流露出來。

直覺的洞見之流停止時，將筆放下，把意識帶回到你的身體。深吸一口氣，深吐一口氣。闔上你的日記本，坐著沉澱一下剛才的訊息。留心觀察身體的感覺。詢問自己：「剛剛的訊息是否有呼應到我？是否讓我感覺平靜、安定、安心？是否符合我的想像？是否有讓我驚訝到？是否讓我覺得興奮與期待？我寫下的內容帶來了什麼影響？我願意考慮遵從這些訊息嗎？」

最後的那個問題，是最重要、最具決定性的一個問題。假如答案是肯定的，你便能打開通往靈魂的通道，讓神聖的靈魂以深邃的方式指引你的人生。如果你想要，可以重新讀一遍你所寫的內容。不過我還是建議你先等兩到三個小時再重新閱讀。重新讀個幾遍，因爲每閱讀一次，你又會接收到新的洞見和指引。你可能會覺得有點難一次吸收你所寫的內容。不用擔心這一點。最重要的是，這些內容讀起來散發著愛嗎？讀起來有眞實的感覺嗎？重點不在內容的對或錯，而是內容是否眞實，讓此刻的你有共鳴。內容有帶給你力量嗎？你書寫的內容是否以溫柔慈愛的方式指出你的弱點呢？你會覺得這是有趣的挑戰，進而想要繼續靈感書寫嗎？

如果要精準解讀自己，靈感書寫是最徹底的技巧。你可以寫下任何問題，處理任何事件、任何困擾、任何煩惱、任何處在模糊地帶的事物，還可以詢問你想要知道的一切事情——而你絕對能夠接收到答案。

熟能生巧

只要眞摯地投入，加上頻繁練習，我在本章中分享的技巧便能幫助你開始接收到強大的指引和訊息，即便不是在你安排好要與高我連結的時間，你也能接收靈魂傳遞的訊息。

舉例來說，你可能安排好在早晨或晚上進行解讀，但是在隔天下午兩點的時候，靈魂給予的答案突然浮現在你的腦海裡。你可能寫下問題之後，會在下午兩點半的咖啡下午茶時光才靈光乍現。當你在泡咖啡的時候，就會有源源不絕的靈感湧現。讓你「啊哈！」的頓悟和洞見會在最偶然的時刻不期而至。

這些技巧會搭建一座橋梁，讓日常的意識得以與神聖自我和宇宙智慧交流。一旦你頻繁練習搭建意識的橋梁，你便自然而然能跟神聖自我交流，讓你得以時時刻刻精準地解讀自己的人生。

除了這些技巧之外，可以觀察一天之中，哪些人或哪些事讓你覺得不舒服、不對勁、怪怪的。這種不舒服的感覺可能是能量上的警訊，要提醒你也許你的界線被逾越了，或是某個決定做錯了，抑或是你的方向錯了。不舒服的感覺可能在暗示你「這個關係不利於我，這段對話不對勁」等等。留心覺察這些訊號。注意觀察你當下的感覺。不要無視任何訊息，無論那個感覺有多微弱。你越是讓內在自我跟你交流，你就越能注意到內在的指引，便越能回應內在的訊息，而你與神聖意識的交流就會越來越穩定。

這個過程並非在大海裡撈針，而是單純地打開一扇門，讓內在自我的意識得以輕易浮現來指引你。你越是敞開自己，你就越能接收到精準、充滿洞見和細節的神聖訊息。

按部就班、保持好奇心、對解讀人生有興趣，並且敞開自己，就是成功的關鍵。想知道是什麼驅動你的言行嗎？想知道你的內在自我需要什麼嗎？想知道能夠讓你維持健康的是什麼嗎？想知道為什麼有些事情很順利，而有些事情如此脫序呢？如果你真心想知道，而你全然敞開自己接受指引，小我也安靜退居一旁，那麼準確的訊息就會自然流入腦海。

我要一再重申，你不一定要聽從內在指引的建議。我必須反覆強調這點，因為許多人都害怕被揭開內心不願意面對的事實，或是被要求做不願意去做的事。恐懼會阻礙我們接收神聖訊息的能力。反之，請下定決心：「聽好了，我想要了解一切。我想要知道一切。然而，我保留是否要遵從指引及後續行動的權利。」

事實上，給自己這個選擇權，反而會讓更多洞見湧入。這也能阻止小我啓動保護機制，防止小我阻擋你接收需要知道的深刻訊息。

因此，練習打造喘息之屋。練習靈感書寫並大聲說出你接收到的訊息。再度提醒你，假如浮現的訊息讓你感到平靜、和諧、安定，那麼這就是神聖的訊息。它可能會建議你採取有點難做到的行動。即便神聖的訊息是你不想要知道或還沒準備採取的建議，例如「辭職」或是「結束這段關係」，只要是真實的指引，你就會知道這是真的，也會好好聆聽。

每一天都練習解讀自己。培養與內在自我討論一切的習慣。留心觀察當下，觀察此刻的生活中發生了什麼事。你今天需要做什麼？你現在最需要專注的重點是什麼？一旦你培養出這個習慣，你就不需要每一次都按部就班進行。你能隨時跟內在自我對話。只要大腦平靜下來，內在自我就會隨時指引你。訊息浮現時，盡可能承認它——或許是大聲說出來，或許是寫在筆記本裡，或許是用手機錄音下來，因爲承認內在自我的指引可以穩固這座橋梁。

關於精準解讀自己，這些只是前菜而已。然而，這已經足夠你持續練習了。使用本章中教你的技巧，並加入上一章我提到的五大基礎要素，你就會發現自己越來越能夠自我覺察、安定、放鬆，並且比以往都能夠接收更多訊息。

第12章 精準解讀他人

人生中最重要的事情就是人際關係，無論是家人、重要伴侶、朋友、同事、孩子或其他人。人際關係賦予人生的意義，讓我們有歸屬感、連結感、被愛、被重視、被珍視。人際關係不只教會我們成長，也是人生中最困難的一項功課。

精準地解讀他人也許是最實用、對你最有益處的一項技能了，而且這並沒有想像中的難。不過，你首先要接受一個概念：每個人都有自己的靈魂、自己的創造力、自己的旅程、自己的道路、期望、夢想與難關。假如我們預設立場，認爲他們跟我們都一樣，就很難準確地解讀對方了，因爲我們每一個人都是一座浩瀚的宇宙，每一個人的思想或經歷都截然不同。

當然，或許我們彼此之間有共通點或相似之處，但是如果要發自內心準確解讀他人，你就必須尊重對方的自主權，對方有權利成爲他眞實的樣子。心存好奇去探索他們眞實的本質，而非將他們強行改變成你希望的樣子。有了這樣的認知和意圖，就能啓動精準解讀他人的開關，解讀你深愛之人和在乎的人，同時也能解讀日常生活中你會遇到的人或泛泛之交。

精準解讀他人的好處

精準解讀他人能爲你帶來許多益處。首先，這能奠定良好的溝通基礎。我教導過的許多學生都說，他們都有嚴重的溝通困擾，很難被他人傾聽心聲，這讓他們挫折不已。如果你能夠精準地解讀他人，你就能接通你與他人的溝通頻道，至少你們的溝通會比以前更順利。

精準解讀他人能夠增加關係的親近度，協助我們感覺自己被看見、被接納、被重視、被珍惜。他們的心胸會敞開，會展現出最好的自己。你會開始擁有深刻且滋養身心的人際關係。假如你是團隊中的領導者，精準解讀他人對你而言就是十分重要的技能，因爲最出色的領導者之所以能成功，都是因爲贏得了下屬的心。優秀的領導者會鼓勵下屬成長，不爲自身的個人利益，而是爲團隊的最佳利益著想。差勁的領導者會將自己的私利和期待強加在他人身上，造成團隊成員怨懟和反抗。

精準解讀他人也有助於談判，你能在差異之中取得共識，讓事情圓滿地向前推進。學會解讀他人也有助於解決問題。畢竟，他人的觀點能協助我們克服自身困境、打破偏見。他人能提供新奇的觀點和不同的意見，而那正是我們可能會忽略或抗拒接受的意見。

最重要的是，精準解讀他人會創造關係中的親密感，這正是人類的靈魂所渴望的情感。親密感意味著在你身邊，我可以做眞實的自己，而你也可以做眞實的自己。我們無條件愛著彼此、接受彼此、支持彼此。

精準解讀他人也能保護我們不被詐騙、操控、攻擊或侵犯，因爲我們能感知到對方是否心懷惡意。解讀能量的時候，我們會感知到對方的意圖，知道對方的言行是否眞誠、值得信任。

拋開你的既定立場

若要精準解讀他人，最重要的步驟就是先撤掉你的濾鏡，讓你可以看見對方眞實的樣子。如果你期望他們符合特定的樣子，如果你強加個人意志、投射、立場在對方身上，或是強迫他們變成你想要的樣子，而非去看見他們眞實的樣子，你就無法準確地解讀對方。你會沒辦法眞正地解讀對方。

我有一位客戶，有一次很失望地來找我。她與一位在學術領域很知名的科學家結婚。他在大學任教，且著作等身、備受推崇。他的學生和同事都很喜愛他，但是他的個性很主觀、強勢，認為自己所知的就是一切。他們育有一子，從小學業表現不太好，也沒有強烈的事業野心。兒子選擇成為家庭主夫，會在妻子上班時待在家照顧孩子，一家過著非常簡樸卻幸福的日子。

我這位客戶的丈夫卻非常否定他們的兒子，認為兒子怠惰又丟臉。他會說這樣的話：「眞是個懦夫。我怎麼會有這種兒子？我無法接受！他為什麼不去找一份眞正的工作？為什麼他不念完大學？他讓我很丟臉。」

不出所料，這位爸爸和兒子的關係很差。我的客戶說道：「如果只是這樣我也還能接受，但是我的兒子有三個小孩。我的先生太強勢了，所以兒子總是跟他保持距離，遺憾的是，他也跟我保持距離。我無法跟我的金孫們相處，因爲他不想讓自己和他的家人被我先生傷害，而他把我也劃進去了。他想跟爸爸保持距離，我不怪他，但是我該怎麼做才能拉近我和兒子的關係呢？」

她面臨到很大的難題。她的丈夫是不可能改變想法或行爲的。她唯一能做的就是，在不牽扯丈夫的情況下，單獨拉近與兒子的關係。她也這麼做了。她告訴丈夫：「我才不要跟我的金孫們疏遠，所以我要自己修復跟兒子的關係，不包含你。還有，我再也不要從你的口中聽到任何對兒子的負面批評。我不同意你的看法。我們的兒子很快樂，你錯過的是兒子的快樂生活。」

這對她來說是很掙扎的事。人與人之間的小我互相衝突時，結果通常都不太好。她的丈夫被小我徹底困住，無法敞開心胸接受兒子，造成他無法也不想要好好讀懂兒子的內心，這摧毀了他們的父子關係。當我們困在小我裡，如同這位教授一樣，小我很愛證明自己是對的而別人是錯的，所以會導致關係破裂，每個人都因此受傷。

若要準確地解讀他人，並且維持美好的人際連結，就必須讓小我安靜下來，敞開你的心胸和靈魂，與他人交流，否則我們的內心會有所防備。這個防備心態會阻礙我們看見或理解彼此。我的客戶向兒子表示她不認同丈夫的想法之後，逐漸獲得了兒子的信任。她現在被允許陪伴孫子孫女，她也親眼見到兒子一家都很快樂滿足。他的生活很美好，他能夠做自己，而不是扮演父親期待的角色。

理解他人的渴望

除了要放下既定立場之外，你也必須眞心想要理解他人眞實的本質，才能夠眞正地讀懂對方的心。要抱持著眞心去了解對方，觀察對方的能量，觀察他們在乎的事。從傾聽、眞心發問開始，而不是投射你個人的意見和評斷。要帶著好奇心去聆聽對方分享的心聲。

如果你想要準確地解讀某人，就要留心注意對方話語的背後暗藏著什麼訊息。觀察實際行爲和肢體語言。聆聽話語背後的訊息，觀察對方的能量。對方是否自在？放鬆？戒備？敞開？安心？緊張？跟對方的靈魂對話，而非小我。詢問對方：「你的靈魂今天過得怎麼樣？」或是說：「我喜歡你散發出來的精神。」當你認知到對方內心的眞實自我，而非小我，對方的靈魂就會回應你，會感到很開心有被看見，並且與你交流。

對小朋友來說，尤其如此。這也適合用於跟青少年交流的時候。即便你跟同事的關係沒有特別好，你也可以這樣跟他溝通。試著跟同事說：「我喜歡你今天精神飽滿的熱情」，或者：「你今天整個人神采奕奕耶」，你會看到對方的靈魂開始發光。這句簡單的話語會創造心與心之間的橋梁，靈魂與靈魂之間的橋梁，讓你可以好好地解讀對方。

解讀他人的另一個方式就是展現同理心。無論你相信與否，很少人會故意存心找麻煩。多數時候，他們都只是盡力而爲，即便在我們眼中那是很難搞的行爲。如果我們記得展現同理心，就能夠更好地讀懂對方，了解實際情況，進而讓我們的生活更平靜。

我的客戶跟我分享了這個故事：「我跟一位同事合作某個案子，因爲我們是同一個團隊，但是她快把我逼瘋了。她會嘰嘰喳喳說個不停，也聽不進去我說的任何話，她認爲自己知道所有事情。」

我問她：「你有認眞聽她說話嗎？」

她說：「沒有，我才不想聽。我根本不認同她。」

我回道：「顯然，你們兩人都沒有讀懂彼此的心。你們不在同一個頻率上。」

如果要讀懂他人，就需要你抱持著中立的態度，尊重對方、關注對方，並抱持好奇心去了解對方的生活中發生了什麼事。你不需要同意對方或附和對方的看法，你只要好奇就行，好奇對方如何應對生活中的大小事。即便你被某人的小我惹怒，也要記得，準確解讀他人是要超越你與對方的小我，看見對方的靈魂本質——那個最美好的自我。當你認知到對方的靈魂，他的小我就會退後，他的心靈就會敞開，而這會強化彼此的交流。

我有位客戶跟我抱怨青春期的兒子：「他總是心不在焉，整天打電玩，也不跟我講話。他每天做的就是回到房間、關門，玩那些愚蠢的遊戲。」

我說：「與其責備他浪費時間，不如問問他這些遊戲是什麼，甚至叫他教你怎麼玩。找到你們的共通點，與他合作，跟他說：『我不懂這些遊戲，但是如果這些遊戲讓你花很多時間與精力在玩，那一定有什麼值得的地方。你願意跟我分享嗎？』」

她一聽到我這麼說，很震驚，覺得這一定是浪費時間。我反駁她：「這是他的世界，不要批評他。你要去了解，你不用跟他一起玩一整天的電玩，但你要試著了解爲什麼電玩這麼吸引他。」

她聽進去了我的建議，也試著去做了。讓她震驚的是，她竟然跟兒子玩得很開心。她說：「我現在理解了，對他來說這是舒壓的方式，因爲他在高中校園裡遇到很多困擾。」

由於她終於了解兒子對電玩的熱情，她突然靈光一閃，問了兒子是否願意跟她一起去日本玩，他們可以去電玩中心逛逛。這讓她兒子大吃一驚。他不敢相信總是責怪他玩遊戲是浪費時間的母親，居然會邀請他一起出國玩。當然，他答應了。他們一起去了日本，享受了美好的親子時光。她兒子也打開心房，跟母親分享了所有心事。他跟她說了她之前完全不知情的事，包括他在學校的壓力、他對外貌和身材的焦慮、他一直交不到女朋友的失落，以及他覺得自己不擅長運動。但是因為電玩是他的強項，所以這趟旅行增添了他不少自信心。

他後來報名了暑期的電玩營隊，學習開發遊戲。現在，二十歲的他已經靠著開發電玩賺進大把鈔票。我的客戶和她的兒子如今關係非常融洽。她只是需要搞清楚一個事實而已：她的兒子跟她不一樣。雖然喜歡電玩看起來是在浪費生命，但電玩最終卻成為了舒壓的解藥，緩解了他的情緒挫折和焦慮。

審視你預設的想法

這可以延伸到下一個我要講的要點，那就是不要對他人妄下定論。這也是我的老師教導我的第一堂課。查理堅持告訴我：「不要假設自己了解任何人，包括你自己。」

我們常根據表面印象或過去經驗而對他人有預設的想法，卻不知道妄下定論會干擾我們準確解讀對方或精準解讀牽扯到對方的相關事件。每一個人都不斷在改變和成長，我們自己也是如此。因此，我們的預設想法通常都是錯誤判斷。

我有過一次經驗，我一位大學朋友來巴黎找我。我們剛認識的時候，我那時很沒自信，內心很沒安全感也不安定，還在探索自己的人生道路。我當時也沒有什麼個人界線，而且生性敏感。我那時還在學習鍛鍊我現在具備的精準解讀能力，當時還沒有到達現在的境界。在我朋友眼中，我還是他印象中的那個人，跟現在的我截然不同。他的每個舉動都像是在提醒我要扮演那個他印象中的弱女子，因爲他想要扮演我的拯救者。

雖然我當時很期待他來巴黎找我，但當他眞的出現後，我們的相處並不愉快。他還沒準備好接受現在這個有自信的我。他沒問我任何問題，也無視我想要跟他分享的一切。他不斷提醒我，我有多需要他指引我，還給我許多照顧好自己的建議。我當時覺得很不自在。接著事情變得更糟糕了，我們大吵了一架。我要求他離開，因爲我不想要被迫扮演一個柔弱的角色。遺憾的是，這段友情變成了絕情，我們從此分道揚鑣。當然，我並不後悔也不留戀。我們曾經有過共通點，但現在已經是兩個世界的人了。我坦然地認知到這一點並徹底放下。

留心觀察你是否有注意到對方目前的狀態，還是你對他的印象仍停留在過去呢？對於家人來說，尤其如此。你對兄弟姊妹的印象停留在一起長大的時候，但當你們都長大成人，你的兄弟姊妹也已經變得不一樣了，而那也許是你不熟悉的樣子，可能會讓你很不適應。與其跟兄弟姊妹說：「你好奇怪，你是誰啊？」不如支持他，告訴他：「哇，你變好多喔，你長大了。告訴我你現在的喜好，我很好奇發生了什麼事，我想了解現在的你。」

同樣的，你需要敞開心胸才能真正讀懂對方。你要願意去看見眼前這個人現在的樣子，願意了解現在的他在意什麼。精準解讀他人需要你願意認知和慶祝對方此刻的模樣，而不是強迫他們扮演不符合現狀的角色。

我有一位客戶跟一位生物工程博士結婚。她是一位藝術家、作家，直覺也很靈敏。她愛烹飪、縫紉和繪畫。他們育有一女。她的先生總是要求小孩要在學校有優秀的學業表現。女兒三歲時，他就想要女兒去學習外語和數學，而不是好好玩樂，享受童年的天馬行空、揮灑創意。

我的客戶與丈夫對此爭執不休，因爲小孩根本對語言和數學毫無興趣。她直接跟丈夫點明：「注意看看女兒到底喜歡什麼，而不是要求她變成不喜歡的樣子。她不是你可以捏造的黏土。我們的責任是幫助她自由綻放，做她自己。」

雖然花了一點時間，他最終還是接受了這個觀念。好笑的是，等到女兒六、七歲左右，她開始對數學與科學產生濃厚的興趣，對理科很好奇。如今，她在這兩種興趣之間取得了很好的平衡。她現在還很年輕，但是非常喜歡藝術和科學，充分完美地運用左腦與右腦、大腦與心靈。

審視對方的振動頻率

解讀他人的渴望是每個人都具備的本能。然而，我們還是需要知道，讓我們能夠準確解讀他人的原因並非源自小我，不是來自小我的既定立場、防衛心態或有限的感知，而是由於我們的靈魂與他人的靈魂產生了連結。

如你所知，在我們之內的靈魂會接收他人散發出來的精微能量。因此，解讀他人的技巧之一，就是學習觀察對方的振動頻率。現在，這聽起來可能有點奇怪，但你其實早就在做了。舉例來說，假設你的伴侶或室友回到家，他散發出一股不對勁的能量，因此你當然會問：「你還好嗎？一切都還好嗎？」你其實就是在解讀對方的振動頻率。

由於每個人不一定都能夠感應到振動頻率或能量，他可能就會無視你的問題，因而回答你：「沒事。沒什麼。」

但你知道一定有哪裡不對勁，因爲你感應到對方的振動頻率了——可能是他此刻心不在焉、心神不寧；可能是他筋疲力竭、心神耗弱；可能是他返家的路上塞車太嚴重，所以心很累。解讀對方的振動頻率時，最好不要在對方的能量大門緊閉時大力敲門。你必須溫和地推開那扇心門，平靜地告訴對方：「沒關係，我在這裡陪你。如果你想跟我說說，如果你願意跟我分享，我很樂意聽你說。」他可能會回應你，也可能不會，但至少你們兩人都承認了某些事情不對勁。

只要你深呼吸，心情平靜，解讀振動頻率就是一件簡單的事。觀察能量的振動頻率，會讓你接收到比文字還要準確的訊息。留心觀察你在乎的人散發出來的振動頻率，會讓你更容易理解他們。你也可以跟自己的振動頻率交流。你可能散發著正向、愛、安定的振動頻率，或是寒冷、疏離、憤怒的振動頻率。人們都能夠感覺得到這些振動頻率，所以爲什麼要否認它不存在呢？這就像是否認房間裡的大象一樣。

認知到我們每一個人都散發著獨特的振動頻率，是非常寶貴的一件事。每個人的振動頻率就像是獨特的音律或音樂，這是我們的能量特徵。可能這個人的振動頻率像是古典鋼琴，其他人則像是行進樂隊的節奏。當我在課堂中描述這件事時，有位育有多個孩子的女士跟我說：「哦，那我管理了一整團低音的行進樂隊，因爲我有四個男孩。我女兒則是短笛，她的振動頻率更細緻、溫柔、甜美。只有在安靜的時候，她才會敞開自己。但是當她那行進樂隊般的兄弟在旁邊時，她會被吵得受不了而跑走。我的兒子們很吵，靜不下來，到處跑來跑去，所以他們都會誤解我女兒，幫她取綽號，叫她『愛哭鬼』或『玻璃心小公主』。我會用你分享的這個資訊協助他們更了解彼此不同的振動頻率，教導他們尊重彼此，改善他們的手足關係。」

察覺並承認每個人不同的振動頻率，總能幫助我們讀懂彼此。現在試著練習看看吧。在心中呼喚你認識的不同人，看看你是否可以感應到並描述出來他們各自的振動頻率。輕鬆地去分辨每個人的振動頻率帶給你的感覺，不帶任何批判，也不分對錯。

試著跟你熟悉的人互相描述彼此的振動頻率。你先描述對方的振動頻率，然後換對方描述你的。你會大開眼界，發現我們是如何影響彼此。觀察對方在你準確感應到他們的振動頻率時，在你身邊放鬆下來、敞開心胸的過程。描述一下，當他們散發出正能量時，你有什麼感受；當他們散發出負能量時，你有什麼感受。學會辨識你認識的人的振動頻率，會讓你們的溝通變得更加融洽。當我們能認出這個振動頻率並說出口，勇於承認我們的能量在何時以哪種方式影響彼此，我們就會爲自己的能量負起更多責任，理解該如何運用能量，或避免誤用能量。

解讀他人的振動頻率能幫助你判斷該如何回應他們，並判斷對方的能量狀態。你是否曾走進一個剛發生爭執的空間，然而每個人都面帶微笑，堅稱他們沒事？儘管他們極力掩蓋，但你仍感覺得到那股激烈的振動頻率殘存在空間裡。察覺空氣中是否存有不和諧的情緒，儘管只有你感覺到。同時，也要注意其他人是否心存防衛或不願意溝通。感應他們身上散發出來的能量，並做出相應的行動。如果你的目的是要去問問題或是提出請求，像是跟老闆提出加薪的要求，他們的能量可能會告訴你「現在不是時候」。能讀懂他人是否處於可溝通的狀態，這會對你大有幫助。觀察對方是否心情低落或心力耗竭。如果你沒有留心注意，對方的低頻能量就會趁你不備時抓住你，甚至將你一起拉下水。

講到這點，你是否注意過如果別人處在負面的情緒振動裡，他們的負面能量會襲向你？

我有位客戶剛新婚，但是他們已經有了一個七歲的兒子。他的妻子是成功又有野心的主廚，但是容易因爲工作而筋疲力盡，變得沒耐心，常常影響到他，也讓他害怕。他告訴我：「她下班後會變得暴躁易怒，完全不理睬我。最後，我跟她說：『好，你有五分鐘可以爆炸，但五分鐘之後你就必須停下來，因爲你影響到我，也影響到我們的兒子了。』」

經過了三到四次，她才終於看到自己的負面情緒如何在能量層面影響到家人。在試圖排解自己的能量時，她卻像是把一碗有毒的湯潑灑到家人身上。所以他直接點明，她應該停下來意識到這一點了。

你呈現哪種能量狀態？

解讀他人和解讀自己是一起的。思考一下：「我如何影響了其他人？」這是很好的開端，尤其是你要解讀的對象正反映了你的能量狀態時。

我有位客戶告訴我：「我的老婆讓我很不開心，她的批判性很強，我很難跟她一起生活。我覺得我需要跟她離婚！」

我了解這位客戶，所以我說：「這很有趣。我並沒有感覺她是這樣的人，我已經認識她很久了。也許她的行為反映了你的能量狀態。」

他第一次聽到這件事。他從未想過她並非天生脾氣差，而是因為自己的影響，才導致她散發著令人不悅的情緒、緊繃戒備。他的恍然大悟讓他有機會去改善夫妻關係，而非直接離婚。

解讀他人的時候，一定要有清晰的視線。首先，你必須清理你的擋風玻璃。如果你的情緒不好、沒耐心、反應過度，那麼也許你認為的混蛋不過是映照出你自己的狀態而已。

如果要清楚地解讀他人，就眞誠地向內在發問。想要了解他們嗎？那就認眞聆聽，了解他們。放下你的批判，敞開心胸。帶著好奇心研究對方、觀察對方。無論你是在解讀小孩，還是伴侶、父母、同事或其他人，你是否想要了解他們的本質，以及了解點燃他們熱情的是什麼？觀察他們的興趣愛好。當他們遭遇困境時，留心注意、溫柔同理。

事實上，解讀他人的最佳方式就是大方承認「我不夠了解你，但我想要了解」。這會讓你跳脫大腦的既定印象，讓你進入內心去眞實感受。最精準的解讀都是源自於此。拋開你預設的想法，放下你的投射，捨棄你的概括而論，如此，你就能獲得關於他人的寶貴洞見。

當我在英國和法國來回居住時，常常會搭乘大眾交通運輸工具或計程車。在英國搭計程車的時候，司機通常都很喜歡聊天，跟乘客分享故事。在我的詢問之下，他們尤其喜歡跟我解說城市的歷史、哪些搖滾歌手曾經住在這裡等等。過去幾年來，搭乘計程車在英國的城鎮穿梭時，我都跟司機暢談甚歡，並跟許多司機變成朋友。然而，法國則是相反。法國的司機很少會跟我聊天，他們也很少會問乘客問題。我可以隨便跟你說：「喔，英國的司機很棒，性格外向溫暖，法國司機則個性冷漠、易怒、攻擊性強。」但這並不是眞相。他們的社會文化背景都不一樣，所以面對大眾時的反應也不一樣。

我做過一次實驗，有一次我主動跟法國司機聊天，問了他這座城市的歷史，以及他開計程車多久了。他的態度非常溫暖友好，他也很驚訝我會想要跟司機聊天。最後我享受了一段美好的互動，展開了一段極其美好的對話。跟這位法國司機聊天的樂趣，絲毫不遜於我有幸聊過的英國司機。

這也是爲何我們要留意自己是否有預設想法、概括而論和小我投射。我們很容易就落入這樣的想法，認爲我們已經很了解他人，但當我們這樣想的時候，我們並非眞的在解讀他人，而是在解讀腦海幫你編寫好的劇本而已。

第13章 精準解讀他人的技巧

跟你在第十一章學習精準解讀自己一樣，精準解讀他人也有一些極爲可靠的方法讓你隨時運用，尤其是處於失落的狀態或是遇到人際衝突的時候。要記得，你越是在日常生活中練習這些技巧，就越能將解讀的能力變成習慣。

洞觀眞相現

關於精準解讀他人，我最喜歡的一個技巧就是我所謂的「洞觀眞相現」（What Is So）。進行洞觀眞相現時，你要進入自己的喘息之屋。一旦你處於喘息之屋後，在心中呼喚你想要更了解的人，想要跟他有心靈交流、能量交流的人。

使用我前面教你的技巧，進入你的喘息之屋。理想上，安排個不會被打擾的二十分鐘，待在安靜、寧靜的空間裡。首先，觀察空間內的細節。將自己帶回當下，回到身體，回到此時此刻。

緩慢地經由鼻子吸氣，吐氣時收縮腹部，讓腹部靠近脊椎。感覺自己淨化了整個場域，想像你緊抓不放的一切，包括先入爲主的觀念、投射、預設的立場，都被釋放。我稱這個過程爲「清空垃圾」。維持穩定的呼吸，吐氣時，收縮腹部靠近脊椎，吐氣時跟吹蠟燭一樣。釋放一切，設定意圖：安住於淨空、敞開、純淨的場域裡。雙手平放大腿，背部打直，身體放鬆，閉上雙眼。重複兩到三次這個流程：從腳底吸氣，下顎張到最開，大聲地嘆一口氣：「啊！！！！」這聲嘆息會讓你的意識往下降落到心中——靈魂的居所。

接下來，想像靈魂以心爲中心點，向外擴展光芒，往每個方向拓展。想像這團光芒向外擴張，包圍你全身上下，光球的表面距離你的身體至少九十公分，形成能量的「喘息之屋」，一個神聖純潔的場域。現在，想像你想要解讀的人坐在你的對面，在你前方，坐在這個純淨的神聖場域裡，你的心與他的心中間有能量的連結。感受對方的心——不是他的個性，不是他的身體，而是那股讓他的心得以跳動、成爲眞實的自我的神聖能量，這股能量向你敞開。

一旦你建立好這道心之連結後，進入你的觀想，告訴對方，你想要跟他的靈魂開啓一段心與心的交流，讓你能了解他的眞實本質，讓你了解讓他心懷熱情之事，了解該如何更好地相處，諸如此類。

善用你的想像力，在靜默中提出你心中的任何問題。舉例來說，你可以跟他說：「我此刻是爲了了解你的靈魂。爲了更了解你，讓我們的關係更親近。」接著，感應對方的靈魂同意開始這場內在的交流。舉例來說，想像你在跟目前處不來的伴侶交談。觀想對方的能量跟你的心連結，觀想自己提出第一個問題：「你有哪些層面是我不理解，但我必須要知道的呢？」

接著，坐好聆聽答案。讓你的想像力成爲訊息交流的門戶，解讀對方傳遞過來的能量。

問對方：「你有哪些部分是我必須要知道的？是我沒發現的？」你的頭腦可能會立刻介入，試圖分析答案，但請你保持穩定的呼吸，單手放在心上，你的內在感知會開始主導，向你揭示你想要知道的答案。不要擔心這些答案的對或錯，這些都是你可以留心的寶貴洞見。要願意接受驚喜發生。如同前面在介紹靈感書寫時，我建議你至少持續書寫十五分鐘再停筆。洞觀真相現也是一樣，我建議你大聲說出收到的訊息，持續三分鐘，說出腦海中浮現的任何訊息，不用思考那些話是不是有道理。

例如，你可以這麼說：「我感覺到你很累。我感應到你需要更多獨處的時間。我感應到你不滿意自己的身材。我感應到你很無聊，我們的對話無法激起你的想像力。」

成功進行洞觀真相現的關鍵在於，願意複誦每一次收到的訊息，不修改、不檢查，即便訊息讓你的小我躁動，讓你不自在，也都不要糾正。我有位學生在課堂中練習了洞觀真相現，解讀她的伴侶關係，但是她不喜歡自己接收到的訊息。

「在我的解讀裡，我的伴侶告訴我，我不再吸引他了。這讓我很難過也很生氣，但我還是深呼吸後問了他：『那麼，什麼才能吸引你？』我的直覺反應以爲他是指我要瘦一點、胸部大一點、換個髮型等等，但是他卻說：『親切一點、願意讚美別人、友好一點、愉快一點。』我沒想過會收到這個訊息。我從未想過不再吸引他的原因是因爲態度太差、太過負面。他說得對，我不怪他。我之前很讓人掃興，但我之前從未意識到做快樂的自己對他來說很重要。」

如你所見，洞觀眞相現可以揭曉很多眞相。另一位客戶用了洞觀眞相現去解讀她十六歲的女兒，這對母女時常意見相左、爭執不斷。她進入自己的神聖場域後，呼喚了十六歲女兒的靈魂前來，展開心交心的對話，問了女兒的靈魂：「你有哪些部分是我沒有感知到的？你想讓我知道什麼，好讓我們可以融洽相處？」

她馬上就得到答案，她大聲地說：「你不相信我，因爲你自己就不值得信任。你指責我沒有說實話，因爲你也沒有說實話。」這句話嚇到了我的客戶，但她說：「她的靈魂沒說錯，我並沒有說實話。我現在有婚外情，而我的女兒察覺到了，雖然她沒有發現任何證據，但她的直覺就是知道我的心不在婚姻關係裡了。我的女兒觀察到我的言行不一，注意到我是如何一直過度控制她，因爲我並沒有處理我內在的罪惡感。」

這眞的是當頭棒喝！從那次解讀之後，我的客戶就不再挑剔女兒，開始認眞反思自己的課題和不誠實的個性。

精準解讀他人需要你誠實做自己，因爲這是準確解讀他人的唯一方式：成爲自我覺察的誠實管道來進行解讀。

你需要我做什麼？

另一項技巧則是在喘息之屋裡詢問對方：「你需要我做些什麼？那可能是你沒有從我這裡得到的，或是我沒注意到的。或許是你自己也沒意識到，但如果我們都知道的話，就能讓你的生活更好。」

我有位客戶用這個方式問了她的上司的靈魂，因爲她觀察到上司的行爲不太一樣。他從原本個性隨和的人，一瞬間變成魯莽又沒耐性的人。她整個人一頭霧水。在她的解讀裡，她收到清楚的訊息：公司被收購了，她的上司害怕自己會飯碗不保。他從未提過這件事，也沒有任何徵兆表明公司被收購。隔天，她走進上司的辦公室並問了他：「我們可以聊聊嗎？我感覺到這裡的氛圍變得不一樣，對你帶來了不好的影響。我可以做些什麼來支持你嗎？還是有什麼事你願意跟我分享呢？」

驚喜的是，上司敞開心扉說了：「最近謠傳公司被收購了，我還不了解實際情況。我不想要事先提醒你，但我感覺這件事不只是謠傳而已。如果是這樣的話，我們可能都要提高警覺，思考最好的對策。」

這場對話讓他們回到了職涯的正軌，他們雙雙離開了公司，在數個月後創立了自己的小型顧問公司。

這類型的解讀可以讓很多事情大步向前邁進。當你不再讓小我編造故事，而是發自內心與人連結，就能產生心交心的互動、靈魂與靈魂之間的交流，而你能接收到能量訊息，指引你實際的狀況和對方的真實需求。

這聽起來很像科幻情節，但我們真的都做得到心電感應，我們都能夠且應該有意識地去接通這個靈魂交流的頻道。

安心的關係

有一次，有個年輕人來找我，跟我說：「我很想要認識跟我有相同興趣、可以跟我有深入交流的人，也是直覺靈敏、會通靈、不會批判我的人。我跟一群不會自我覺察、防衛心重、批判心強的人共事，如果他們知道我對直覺解讀有興趣，一定會講我壞話。」

我那時鼓勵他參加我的工作坊，他也真的來了，驚訝的是，他發現裡面有兩位他的同事！起初，他很尷尬，那兩位同事也是。但是他們很快就變成好朋友，放下了震驚，重新調整對彼此的看法。

學習準確解讀他人會需要付出努力、耐心、時間，也要不斷練習，慢慢來、安靜下來，不要預設自己了解對方。不過話說回來，我們確實可以也應該意識到並承認在某人身邊時，是否會覺得不安心。也許是因爲彼此的振動頻率不合，也許是因爲對方的能量讓你不舒服；如果是這樣，就在內心承認你感應到的現況。如果某人跟你講的話讓你覺得他們在說謊，相信你的直覺。然而，先不要急著用大腦編造**原因**。先別急，讓感受沉澱。否則你會落入困惑與投射的陷阱，進而把事情變得複雜。讓感受就只是感受就好。

有一天，有個女士問我：「我跟一個男生出去約會，他對我非常熱情——太熱情、太甜蜜了，就像是愛情轟炸（love-bombed）。他很友善也很積極，但我內心的每個聲音都在跟我說：『停！』所以我就退了一步。我應該回去找他嗎？他眞的很好！」

我說：「我不會說你應不應該繼續跟他約會，但我不會無視你想要遠離他的直覺。不管他的動機是好是壞，我會選擇相信你的直覺，因爲他的能量讓你感到壓迫，讓你不自在、不安心，而我不會忽略你的這個直覺。」

也許你跟客戶、主管或是朋友之間的關係很緊密。就算你沒辦法直接跟對方表達你的不安，也在心中跟自己承認吧。審視你自己的身體感受。如果你覺得腸胃、心、胸口的感覺怪怪的，相信它、承認它、信任它，然後再根據你的感覺來行動。

假如條件允許，而你也覺得講出來是安全、有幫助的，那麼可以考慮開口說出你的心聲。例如你可以這麼說：「不知道爲什麼，但是我覺得怪怪的，我的內心覺得不對勁。我也不確定爲什麼。」然而，與其直接指稱某人在說謊，不如用巧妙婉轉的方式表達比較好。

我有一位客戶與男友同居。她突然開始覺得男友散發的振動頻率怪怪的，所以開口問了這件事。「他的狀態跟平常不一樣，但當我問他的時候，感覺他沒說實話，覺得他在隱瞞什麼。每次我問他：『你還好嗎？』他總說：『我沒事。』而且語氣很戒備，這讓我心中警鈴大響，覺得他肯定沒有說實話，他一定在隱瞞什麼。」

她用了「洞觀眞相現」這個技巧，發現他又開始走回頭路：他開始跟以前一樣吸毒了。他們交往的期間，他都沒有碰過毒品，但最近他又重蹈覆轍。她現在終於理解他爲什麼會行爲可疑了。接著他回家時，她說：「你感覺不太對勁，感覺很像你又開始吸毒了，是嗎？我只是好奇想知道。」

她沒有生氣，沒有激烈的情緒，也沒有質問。相反的，她用安定且清楚的話語表達她的心聲。她那顆純潔的心和純粹的意圖讓他措手不及。由於她的心靈敞開，散發的能量也讓人安定，他承認了：「我又重蹈覆轍了，我需要幫助。」她的確幫助他重回正軌。因爲她帶著純淨、開放、安定的心與他相處，客觀地點出眞實的情況，軟化了他原本堅硬的心牆，讓他願意說出眞相。

用靈感書寫呼喚對方的靈魂

靈感書寫是好用的工具，可以讓你直接與對方的靈魂溝通。一旦你進入喘息之屋，連結了你的心靈、你的靈魂，就可以呼喚對方的靈魂前來，展開心交心的對話，寫信給彼此。

首先，寫下任何你想要詢問對方靈魂的問題——要眞心渴望去了解。暫停一下，將意識帶入你的心，呼喚對方的靈魂前來，接著想像對方的靈魂開始回答你。對方的眞實本質會透過你的手來回信。

同樣，你必須放下左腦的分析慣性，放下小我說「這不可能」的抗拒。這是可能的！允許你的想像力搭建橋梁，讓對方的靈魂能量得以走過來。持續書寫十五分鐘，不要停筆。在一開始的幾分鐘內，你可能會覺得自己好似在輕輕地引導意識離開左腦，進入你的心。請保持下去。你最終會進入你的心。在心中，眞正的靈魂交流就會展開。

至少給自己十五分鐘的書寫時間，通常你都能建構出穩定的靈魂連結。一般而言在開始後的兩分鐘之內就會穩定了。在我們的心中，我們都與每個人和萬事萬物有能量的連結，這裡是靈魂的領域，這也是爲什麼從心出發能展開靈魂的交流。在這次的解讀中，你可以詢問任何問題，你會不斷得到回覆，但是不要停筆。

完成後，停筆坐好，反思你剛剛寫的內容。你是否感覺自己眞的與對方的靈魂連結？訊息內容是否讓你獲得啓示？訊息內容是否讓你驚訝？這三個問題的答案如果爲「是」，那麼這代表你的確跟對方有了眞正的靈魂交流。反思你接收到的訊息，細細思考。如果因緣具足，那你可以跟對方分享你這次的解讀，或是至少將你接收到的訊息應用在跟對方的互動上。請照著做吧。

有個客戶跟我說：「突然之間，我最好的朋友跟我就不對盤了。我們已經是多年好友，但最近只要我發生什麼好事，她都會唱衰我，讓我很氣餒。我感覺到她並沒有替我開心。她沒有替我發生的好事開心，尤其是我的戀情。她非常憤世嫉俗又負面。如果要質問她，我也無法鼓起勇氣。我眞的不知道爲什麼她要這樣貶低我。」

我建議她用靈感書寫來接收答案。她同意了，呼喚了好友的靈魂前來。她以自身的靈魂去詢問對方的靈魂：「發生什麼事了？爲什麼你那麼負面？我不懂你想要從我這裡得到什麼，還是我做了什麼才讓你對我那麼差勁？」

她的好友的靈魂回覆道：「你要離開我了。你過得比我好。我看到了。你比我還勇敢，比我有野心。你爲了成長，付出的努力比我還多。我知道你終究要離開，所以我想先終結這份友情，這樣我才不會被拋下。」

她接收到了非常清楚的答案，而她從未想過這件事。然而，她必須承認：「沒錯。我正在離開她，這很痛苦。我們過去擁有的一切都來到了終點，但是現在我理解她了，所以我不用在她很不友善的時候，對她無禮、刻薄、批判、有激烈的反應，或者認爲她是錯的。我可以同理她，也可以慢慢淡出這段關係——不是爲了隱瞞，而是有智慧地判斷她能接受多少，讓我們可以優雅地分道揚鑣。」

清空垃圾

解讀他人是本能，但你得先讓自己處於中立狀態，讓小我退居一旁，如此才能成功。這個技巧會幫助你做到這點，我稱之爲「清空垃圾」。需要清空的垃圾就是小我緊抓不放的故事、怨懟、傷口、投射、批判等等。如果要清空垃圾，請把它們全部寫下來。這個方法尤其適用於複雜的關係。在複雜的關係中，裡面總是能發現許多垃圾。

我有一位客戶跟她母親的關係很糟。她說：「我今年六十歲，而我的母親八十八歲了，身體很硬朗，但我快要受不了她了。她很自戀，很黏人，個性很批判，而且她還死不了。我到底應該怎麼做？」

這個狀況也很適合進行洞觀眞相現或靈感書寫，所以她做了這些練習。她說：「我不知道我到底有沒有成功，因爲我不喜歡我的母親。我討厭她，但我又因此有罪惡感，所以與其說我在接收訊息，不如說是這些情緒在靈感書寫中浮現。」

「這意味著是清空垃圾的時候了。」我這麼建議她：「寫下你不喜歡她的每一件事、每一個批評，直到你再也想不到有什麼可以寫。接著，你就會進入中立、開放的狀態。在這之後，再進行解讀或靈感書寫。」

當她回來找我時，她跟我分享她花了一個月清空垃圾——感覺永無止盡。「那些垃圾的量不是廚房裡的垃圾，而是整座城市的垃圾。我的內心有好多累積已久的怨懟。」

當她徹底清空垃圾後，她做了解讀，想知道「你想從我這裡得到什麼」，所以她呼喚了母親前來並問：「你想從我這裡得到什麼，好讓我們可以有更融洽的母女關係？」

她的母親回答道：「你屬於我。我只想要你把我當成你的第一順位。」

我的客戶回答：「我不屬於你。我只屬於我自己，我有我自己的人生、我的需求，並且我也不會再對此覺得愧疚了。」

所以，在她的靈感書寫和「你想要從我這裡得到什麼」的解讀過程中，她有了很大的頓悟，那就是她的母親並沒有將她視爲獨立的個體。當她在靈魂的層面了解到這一點之後，她就不再自我譴責了。她決定只跟母親有必要的交談。她也不想要試圖改變母親。她受夠了。

她的母親持續活到九十四歲——依舊強勢刻薄。然而，我的客戶不再困擾於企圖改變母親了。她只是開始拒絕而已。她會告訴母親：「我不要這樣做，這不是我想要的，你要自己想辦法。」到最後，她們的關係還是變好了，因爲我的客戶不再委屈自己。理解了她的母親眞正想要的是什麼，她調整了自己的心態，而不是一直氣憤母親怎麼不改變。

對的人速速前來

你也可以使用洞觀眞相現和靈感書寫，呼喚願意支持你的目標和夢想的人前來。我有位客戶想要開一家速食餐廳，販售捲餅和三明治，但他不想要一個人經營。他相信就算是自己一個人也能經營得好，只是他更渴望能有夥伴的支持，一起實踐夢想。因爲找不到這樣的人，所以他決定進行洞觀眞相現，呼喚對的夥伴出現。他進入神聖場域後，請靈魂呼喚未來的理想夥伴前來。

他專注於對方的靈魂，感受到對方正在前來的路上。他沒有感應到對方的外貌或任何能夠分辨他是誰的特徵。顯然這是他不認識的人。但是他的確感應到了對方的能量跟他自己一樣——穩定、可靠、尋找新的可能性。在這段心靈的交流中，我的客戶詢問對方：「我不知道你是誰、你在哪裡、如何找到你，但請你讓我知道你是誰。請在我的生活中出現吧，因爲我在找你，我此刻需要你。」

他持續做了四、五次的靈感書寫，每一次書寫，他跟這位新夥伴的連結都變得更強烈。

幾個月後，他妻子的姊妹開始跟一位男士約會，這個新的約會對象剛從消防隊退休。在某一次的家庭晚餐聚會中，我的客戶跟這位男士相談甚歡。他們開始討論各自的未來規劃，這位退休的消防員說：「我不知道接下來要做什麼。我需要一些什麼東西，我沒辦法停下來什麼都不做。」

我的客戶當即邀請他合開一間速食餐廳。這位消防員眼睛一亮立刻抓住機會：「我覺得這個想法很棒，就這麼做吧。」這一切就這麼簡單。三個月之後，他們的餐廳開張了。

你也能透過靈感書寫去連結未來的戀人。進入神聖場域後，寫下：「我不知道你是誰，但我知道你在某個地方，我非常願意遇見你。」描述一下你尋找的人，直接跟對方的靈魂談話。只要你覺得有需要，可以做好幾次這個靈感書寫對談。靈感書寫非常適合呼喚戀人出現。通常來說，這個對象會在一年之內出現。

突破小我的心牆

還有一些基礎技巧可以幫助我們精準解讀他人。只要你活在當下、敞開、不批判、有意願了解，以靈魂進行交流，而非從防衛又抗拒的小我為出發點，你就能輕鬆解讀他人。解讀他人的技能源於反覆練習。只要照做，你會發現自己輕輕鬆鬆就能跟別人拉近關係。你會發現，就算人際關係有一點磕磕碰碰，但你不會遇到那麼多的摩擦、衝突和內心戲。你也會從中得到滋養，更別說你會變成更有深度、值得認識的人。

同樣的，只要你渴望解讀他人，它就會變成自然而然的技能。鍛鍊你的外在五感，關注細節，積極聆聽，放慢步調，仔細覺察，並運用本章的技巧讓你與他人更融洽、親近。詢問問題、發自內心想要了解，並且敞開心扉。如果你的防衛心很強、鬼鬼祟祟想要探聽又封閉自己，你也沒辦法讓別人打開心房。你在解讀他們的同時，他們也在解讀你。人們不只會透過你的言行來認識你，也會透過你的能量、心靈來認識你。他們能感覺得出你是否支持他們，反之亦然。

如果你覺得在某人身邊讓你心不安，請相信你的感覺。如果這個人讓你感覺很不可靠、不安心，切記，你無法改變對方。你只能對自己承認你的眞實感受，採取行動要先以自己的身心考量爲優先。

此刻，世界經歷許多重整。無數有毒的關係都正在結束，無數人開始遠離愚昧、不健康的人際互動。這就是正在發生的進化過程。我們解讀他人的能力，自然而然變得更加敞開、更快速、更準確。假如我們不聽從接收到的訊息，假如我們無視自己的感應與感受，對我們來說只有壞處而已。

當你準確解讀到關於對方的訊息後，千萬不要試圖承擔別人的人生。每一個人都有自己的道路、自主權、旅程、靈魂與挑戰，你只能支持對方，但無法幫對方免除困難。要記得，「管好你自己」。可以表達你的關心，但不要承擔他人的生命。利用這些技巧去解讀你想要了解的人，但不要忘記先清空你自己的垃圾。請反覆練習。

第14章
精準解讀你的使命

根據我五十年來在世界各地解讀他人的經驗，我觀察到客戶們找我問事的原因主要歸類爲三種。首先，他們想要了解身心健康和情緒健康。第二，他們想要知道如何擁有美好的人際關係：如何找到伴侶，如何跟某個人更親近，如何改善跟親友和團隊的關係。第三個原因也是讓許多人最困擾的問題：人生使命。

許多人來找我的時候會說：「我知道我此生的使命一定很特別，而且還可以靠它賺錢。每個人都說我有特定天賦，但我眞的不知道那是什麼。」當我們年歲漸長，便會逐漸渴望了解自己的人生使命。我們投生於地球，伴隨著需要實踐的使命，但我們常難以參透自己的使命。本章會幫助你清晰地解讀自己的人生使命，讓你清楚知道需要做什麼改變，才能活出更有意義、更美好、對自身及社會有貢獻的人生。

你的帳單不是你的使命

許多人都要釐清這個觀念，因爲我們被灌輸使命等於職業。但是，職業和使命是截然不同的兩回事。你的職業源自於你具備的技能，以及你付出心力滿足自身的基本需求，你願意爲他人盡一份力，願意與他人合作，以及能夠謀生。

另一方面，你的使命乃是分享你的天賦、爲社會服務。使命不一定跟工作和金錢畫上等號。使命是你靈魂選擇貢獻更多愛、光、美好給這個地球。對我們之中的一些人來說，這個使命可能會跟工作交織在一起，但這並非絕對。使命能夠讓我們跟他人分享自己所愛，分享自己的眞實樣貌，分享讓自己快樂之事。分享使命，無論是分享的過程還是「分享」本身，就是一種快樂與滿足。

有位客戶在市中心貧民區的一所高中擔任教師，這是艱難的工作。這份工作毫無樂趣，他拿到的薪資也不高，有時候也會擔心自己的生活。但是他仍堅守崗位，因爲他有這份服務的熱忱，而且他的內在自我也不斷肯定：「這就是你該待的地方。」然而，他其實有教職以外的人生。他每週六晚上都會彈吉他，會跟他的藍調樂隊一起在他居住的郊區演出。人們會來這裡享受音樂、盡情跳舞。他出於熱忱，打造了美好的社群。他告訴我：「我眞希望這可以是我的人生使命。」

我立刻告訴他：「這**就是**你的使命，只是它沒辦法幫你付帳單。這是你全心投入並熱愛的地方。要知道，你作爲老師的本業只是你的服務熱忱，在那裡，你學習支持他人、爲他人著想。每個人都有服務的熱忱和使命，有時這兩者是緊緊相扣的，有時則不然。」

他聽完之後釋懷了，但他接著問道：「我該怎樣才能讓我的工作更符合人生使命呢？」

「你有考慮過在藝術科或音樂科任教嗎？你那麼喜愛音樂，可以在學校創立藍調樂隊啊。」

他從未思考過這一點。他說：「我不知道這樣做有沒有錢賺，但是我應該會試著創立一個課後社團。」這個想法深深吸引他，所以他馬上就去做了。他創建了一個課後的音樂社團，社團成員組成了藍調樂隊，而他的不安也消失了。他不再困擾，也開始滿意他的人生。他意識到一切都取決於態度——以何種心態出現、身旁的人有誰。假如他熱愛自己在做的事，做他在乎的事，那麼這就是他對生活的貢獻，也是他的獎勵。

如何找到人生使命

我的這位客戶知道他自己熱愛什麼，但萬一你很難釐清自己熱愛什麼呢？你可以再次解讀你自己，找到你的使命，探索或重新憶起自己的熱忱所在。從聚焦於對你來說重要的事物開始。從這些優先順序和你重視的價值開始，你能摸索出你的使命。從意識到、承認和寫下你熱愛之事開始。你可以用靈感書寫來幫助你。坐下來拿起筆寫下你熱愛的每一件事，持續五到十分鐘不停筆，連續進行三十天。

你寫下來的事物可能看似毫無關聯、不合理、浪費生命，但你的使命乃是要與眞實的自我重新連結，並跟腳下的星球分享你的天賦、才能、你所愛的事物。列出這些事情，並實際去嘗試，就是找到人生使命的方式。這些事情可能跟你的職業有關，也可能眞的會變成你日後的工作，但也有可能完全無關。不管怎樣，去做做看吧。

找到人生使命的另一個技巧是覺察你說出來的話。你的話語是來自大腦，來自那個焦慮、失落、不健康又空虛的小我嗎？如果是的話，那你會離使命越來越遠。又或者在談論你的熱情時，是出自於你的心呢？聚焦在讓你振奮、正向的事物。跟有共同愛好的人分享你的愛好。若是你喜歡烹飪，去接近同樣熱愛下廚的人；若是你喜歡房地產，去結交同樣喜歡房地產的人；若是你喜歡賽車，去認識同樣熱愛賽車的人，與他們交流。

意識到說出口的話語跟人生使命有關，便能讓自己的靈魂指引你解讀人生，從而找到生命的方向。如果你從心出發跟別人談論你的熱愛，你所熱愛的事物就會被你吸引過來。你的振動頻率會眞的呼喚人生使命前來。

找到人生使命的另一個重要方式就是：無論你覺得自己的使命是什麼，直接去做就對了。假如你認爲擁有人生使命意味著成爲特別的人，這反而會破壞你的使命，因爲這是沒有意義、是由小我主導的想法。使命並不是渴望成爲特殊的人，因爲這是小我的渴望，不是靈魂的渴望。靈魂深知每一個人都獨特且珍貴，我們不需要鶴立雞群來獲得別人的認同，才能實踐人生使命。

找到使命的另一種方式則是詢問別人熱愛什麼，而非只是列出你自己喜歡什麼。對方的使命是什麼？藉由這樣的對話，你能提升交流的頻率，進而與他人產生靈魂的交流，而非停留在人生角色上的交流。許多人因爲跟別人有了深刻且正向的交流，探討人生意義、服務熱忱與人生的貢獻，從而找到了自己的使命。

我認識一位女士，她白天的工作是美甲師。她把工作經營得有聲有色，收入頗豐，但是她說：「美甲沒辦法滿足我，我需要找到讓我有使命感的事物。」

我說：「你何不跟同事和客人聊聊你熱愛和重視的事呢？」

她聽進了我的建議，她原本跟客人都只是聊八卦，後來開始聊他們熱愛且重視的事情。

有一天，有位女客人來店裡做美甲的時候跟她說：「我要跟你分享我最近的新興趣。我最近在練習呼吸療癒，我學了之後，生活徹底改變了。」

我的客戶從未聽過呼吸療癒，但很有興趣，所以她請客人繼續分享。接下來的半年，我的客戶從每一次跟這位客人的聊天中，更了解什麼是呼吸療癒，也開始自己研究起來。不到一年，她就清楚明白自己的使命是成爲呼吸療癒講師。她告訴我：「我沒有打算辭職或轉職，但我決定把這個新技能變成工作之一。」

她報名了呼吸療癒工作坊。她甚至不在乎能不能靠這個賺到錢。她很興奮自己的生活變得更美好，有了不同的生活樣貌，所以她決定跟其他人分享這個技能。接下來的三年內，只要時間允許，她就會參加工作坊或僻靜會，直到她最後眞的開始教導呼吸療癒。

她依然繼續做美甲，她告訴我：「我愛美甲，做美甲讓我感到踏實、有趣、務實，但是更有深度、能帶來療癒的呼吸療癒則是我的使命。」漸漸地，她的呼吸療癒工作坊爲她帶來豐厚的收入，尤其是因爲有越來越多人發現呼吸療癒能夠爲自己帶來深刻的療癒。

人生使命通常會自己浮現，所以不需要特別去嘗試和尋找。但是使命感來自你的內心和靈魂，而不是小我或大腦。

我有另一位客戶在華盛頓特區的聯邦政府部門工作，因爲她是政治系畢業的。這是一份很體面的工作。她的薪水很高，這份工作也不會消耗她太多心力，但是她覺得這份工作沒辦法滿足內心的使命感。所以，她開始尋找其他機構，尋找能讓她覺得有意義的工作。她找到一間公司致力於培力第三世界國家的女性創業。這間公司有開放職缺，但是職位是普通職位，而且薪水比她現在的收入還低。然而，她的靈魂卻說：「去吧，去應聘！」

儘管遭致同儕和家人反對，她仍辭去高收入的工作，去做了錢更少的工作，但她的內心知道這是正確的選擇。她踏進那間公司開始工作後，不僅愛上這份工作，最後還主導了整間機構，讓機構壯大成更有意義、更成功的公司。爲了資助第三世界國家女性的微型事業，她時常飛往當地，生活非常充實。

過程中，她遇見了她的伴侶，也是女性。她甚至不知道跟自己最契合的伴侶會是這種類型。然而，她們一見如故、互相扶持，兩人的關係融洽美好，雙方都致力於同一件事：培力女性。

我的客戶花了好一段時間才接受這個使命沒辦法讓她賺大錢。她一直以來都被灌輸「使命就是金錢，金錢才是最重要的」，而她新工作的收入遠比之前還要少。但她同時也知道自己絕不可能回頭。她太開心了，她發現使命不等於金錢。人生使命是連結、貢獻和創造力！

自動書寫

現在，我邀請你用靈感書寫的另一種方式探索你的人生使命。藉由這個技巧，你能夠直接撥通高我的專線，詢問你的人生使命究竟爲何。舉例來說，你可以這麼寫：「請跟我介紹我的靈魂。請跟我介紹我的元神。請告訴我那些我沒注意到的天賦才能，以及我能付出的貢獻。」你甚至可以問：「我的人生使命是什麼？我要如何才能與人生使命連結？」

我們先從連結你的內在感知開始。首先進入你的純淨場域，打造你的能量喘息之屋，清空垃圾並靜下心神。接下來，拿出你的紙筆，列出你的問題。你可以很直接了當的提問，像是：「我的使命是什麼？我要怎樣才能找到使命並實踐它？」

但是，這一次在書寫回覆時，請閉上雙眼。我知道這聽起來很荒謬，但是閉上雙眼之後，你的意識會越過左腦，靈魂就能浮現出來給你回覆。而且不管你相不相信，靈魂會非常開心能夠回答你。你可能會認爲：「我的字跡一定會歪七扭八，到時候我可能看不懂自己在寫什麼！」但你會被自己驚豔到的，因爲靈魂的回覆很容易辨識出來。閉上雙眼書寫，能讓小我安靜，讓靈魂出來說話。這種形式的靈感書寫稱爲「自動書寫」。

我有位客戶試了自動書寫，雖然她內心極度懷疑到底會不會成功。她任職於一間保險公司，協助客戶理賠。當她開始自動書寫時，浮現的答案是：「去學習薩滿療癒。」

她告訴我：「我住在美國中西部的一個小鎮，我根本不知道要去哪裡找，但這就是浮現出來的答案。因爲毫無道理，我忽略了它好一陣子。但每一次進行自動書寫的時候，相同的答案就又出現了。所以，既然靈魂都明示暗示了，我就開始搜尋薩滿療癒的資訊，而我還真的在自己的社區找到了一位老師。我學會如何進行薩滿旅程，學會如何向內探尋，學會跟我從來不知道的指導靈連結，學會接收指引。我也學會如何進行能量療癒和靈魂復原。你猜猜怎麼著，這就是我現在的人生使命！我好喜歡。我要盡力成為最好的薩滿療癒師，我會按照我的步調進行。我好滿意，不會想著要辭掉主業了，因為它能幫我支付房貸、小孩學費和薩滿療癒課程的學費。」

所以，這再一次表明了，你可以同時擁有主業和人生使命。這兩者並不互斥。事實上，正職工作可能是必要的，因為它能支持你的生活，滿足你的基本需求，支付你的課程學費，讓你去實踐你的人生使命，如同我的客戶一樣。

這提醒了我，我年輕的時候想要四處旅遊，過著多采多姿的生活。當然，我那時希望我的人生使命是教導人們成為直覺通靈師，幫別人通靈解讀，喚醒他們的靈魂，順著生命之流而活，但我同時也想要看看這個世界，尤其是去法國。所以大學畢業後，我應聘成為空服員，沾沾自喜覺得自己很聰明。我錄取了，但我並沒有飛到什麼充滿異國情調的城鎮。我總是在深夜降落在小城鎮，沒有地方可以去，只能去機場飯店睡六個小時，然後再回到工作崗位。這不是我的使命，但我也很難提辭職。這份工作可以支付我的生活開銷，還有保險，而且如果碰巧能休到假（雖然很罕見），公司會贊助我機票和旅費。

這樣的苦難跟我預期的不一樣，我煩惱不已。我跟我的老師查理抱怨，告訴他，我真的很不喜歡這份工作，我覺得自己做了錯誤的選擇。我想要做通靈解讀，想要教學，而不是被困在這份工作裡，問生氣的乘客你要雞肉還是牛肉。

他沉默了一會兒後開口：「說真的，我不建議你辭掉工作。我相信你的工作對你來說會是最好的教室。直到你可以學會帶著愛和真心尊重去服務乘客之前，你還不夠格去教導人們進行高層次的修煉。」

他的話語如當頭棒喝，但我知道他沒說錯。我被小我牽著走了，我想要去做看起來華麗的工作。工作的辛勞，加上長途獨自在路上（空中）奔波，一點都不有趣。這意味著我當空服員的時候，態度也不怎麼好。工作時，我只是在勉強應付而已。我人是到了，但總提不起勁工作。查理溫柔地點醒了我，所以我改變了我的工作態度。了解你的人生使命，其中一個環節就是安住在你的心，無論你在哪裡，無論你在做什麼，因爲這是服務。

後來，我開始心甘情願地主動帶著溫柔和善的態度去上班，你猜猜發生什麼事？工作開始變得越來越有趣了。當我帶著敞開的心胸和服務態度去上班，我在工作中就更容易遇到很棒的人。其中一位是我的空服員同事，他叫理查。我們一起在奧馬哈機場的機組人員休息室待了三個小時，等待各自的接駁班機。聊天的過程中，我告訴他，我有多麼想去法國生活，我內心深處非常確定這跟我的人生使命有關。打從我小時候，我就一直認爲自己跟法國有深厚的靈魂淵源。

理查說的話震驚到了我：「我在法國住了好多年。如果你去法國時需要一個地方住，這是我房東的地址和電話。」接著他拿了一張紙條給我，上面是地址。就這樣，這張紙條開啓了我通往未來的大門。

當他拿出紙條的那一刻，我意識到：「這就是我出現在這裡的原因。這就是我成爲空服員的原因。這就是我跟他此刻會一起坐在休息室的原因。」我收起那張紙條，憑著直覺，向公司請了長假，搭上班機去了法國。我最後落腳在普羅旺斯艾克斯，理查之前在這裡跟一家人同住。我在那裡待了六個月。

在那裡的時光，我學習法文，也錄取了巴黎的索邦大學。我在法國待了好幾年，以最夢幻的方式回到了靈魂的故鄉，連結了人生使命。如果我沒有成爲空服員，這一切都不會發生。這都是神聖的安排，儘管這條路上有些曲折，但是每一次轉彎都默默引領著我走到此刻，尤其是那些讓我以爲自己脫離正軌的時刻。

所以，關於解讀人生使命，其實就是意識到無論你正在做的是什麼，只要你帶著愛、心胸敞開，帶著服務的心、良善的意圖、友善待人，只要你聽從直覺並接受指引，你終究會被引領著活出人生使命。總是如此。

冥想與觀想

以下這兩個重要的技巧，對於解讀人生使命來說非常有幫助。

第一個是冥想。我一直到現在才介紹冥想，是因爲我想要從比較簡單的技巧開始分享，先讓你的大腦靜下來，但是冥想是非常有幫助的訓練，有助於準確解讀你的人生使命——打造喘息之屋時，你早就在做冥想了。也許你有過冥想的經驗，也知道爲什麼這是能夠平靜小我、連結內心深處眞實自我的方式。冥想的時候，你更能夠輕鬆記起自己來到這裡的目的是什麼、要貢獻什麼、要分享什麼。但是如果你沒做過冥想，那麼最簡單的冥想方式就是進入你的神聖場域、你的喘息之屋，一隻手放在心上，另一隻手放在腹部，專心感受這個簡單的技巧。

現在，吸氣時從一數到四，專心將氣息吸入心中。閉氣，一、二。接著，像吹蠟燭一樣，吐氣數到六。閉氣，一、二。重複這個過程：慢慢地吸氣，從一數到四，專心將氣息吸入心中。閉氣，一、二。接著，像吹蠟燭一樣，吐氣數到六。閉氣，一、二。重複四到五次，直到你的胸口、腹部、頭部都放鬆安定下來。

持續進行這個呼吸法，意識聚焦在呼吸和拍子上。如果你分心了，不用擔心，重新再做一次就好。從你分心的那邊接著繼續，重新數拍子。吸氣吸入心中，再從心中吐氣，每一次的吸氣和吐氣之間，稍作停留。持續十分鐘。

你可以默念真言或咒語，幫助你讓大腦安靜下來。要知道，思緒會紛飛，但你不需要阻止思緒流動。你只需要不斷回到呼吸上。你可以開口說：「吸氣四拍，閉氣兩拍。吐氣六拍，閉氣兩拍。」過程中，想像在你的能量場和腦海中亂竄的每個念頭都離開了身體。吸氣，停留；吐氣，停留。十分鐘到了之後，你可以繼續你的日常生活。起身伸展。要知道，你的小我越是安靜，你就越能搭起通往內在靈魂的橋梁，幫助你覺察真實自我，以及此生的目的與靈魂要分享的熱忱。

我也鼓勵你嘗試觀想這個技巧，這會運用你的直覺之眼。假如我要你「想像一顆又大又亮的檸檬」，你就是運用到觀想時所使用的感知力。你運用心靈之眼想像了這顆檸檬。想像力就是你的超能力，運用想像力則是在能量層面上引導你直接去經歷和打開機會之門。

帶著目的去觀想——觀想你從事熱愛之事，觀想你正經歷美好又具創造力之事。你的觀想能力可能只能維持幾分鐘，甚至只有三十秒。這也沒有關係，這是一個開始。只要花一點時間觀想自己在做你熱愛的事，你的想像力就能帶領你通往內在自我，成爲眞實的自己。假如你對自己的使命有了一點概念，或是覺得自己受到召喚要做某件事，請觀想它，觀想它正在發生。觀想自己全然投入在你熱愛的事情上，即便它現在還沒有成爲現實。觀想會創造能量連結，連結你和你的夢想。如同我觀想自己去法國一樣，我的觀想引導我先成爲空服員，接著在一個偶然的機運下，出現了陌生人給了我一把通往未來的鑰匙。

白日夢就是觀想的別稱。做一場白日夢，想像自己正在做你熱愛的事。比起企圖用左腦去摸索人生使命，觀想和白日夢更能有效幫助你去探索和實踐使命。

回歸眞實本質

連結人生使命的另一個有效方法就是去大自然裡——漫步在森林中、露營、園藝、健行、去海邊，任何能夠讓你直接接觸大自然的地方都可以。無論你的條件能允許你做到哪種程度，只要你越常接觸大自然，你的振動頻率就會提升得越多。大自然會啓動心的能量中心，也就是你的靈魂源頭，你的神聖本質，你的較高意識。

即便只是在大自然裡待上一、兩個小時，都能幫助你重新連結自身靈魂和人生使命。

我有一位客戶是企業顧問，每週末都會花上好幾個小時照顧他的花圃。他對園藝的熱愛透露出了他的人生使命！他最後成爲了景觀園藝師和設計師。他依舊保有企業團隊顧問的正職工作，但園藝設計就是他的人生使命。這個經歷精采又美好，一開始園藝只是他接觸大自然的方式，但卻引領他回歸眞實本質。

連結人生使命的另一種方式就是解放你的內在藝術家。無論你相信與否，我們的左腦幾乎不可能摸索出人生使命，但是一張巨大的畫板、一些粉筆、蠟筆或是水彩反而能做到。

我有一位客戶參加了夏季的藝術課程，因爲他一直找不到自己的人生使命。他很失落、空虛，也很低潮。他覺得自己的人生毫無意義。他的妻子無法忍受他這麼負面，所以幫他報名了爲期一整個夏季的藝術學校。他一開始覺得很煩，但最後他愛上了創作的過程。他一開始是用水彩作畫，接著用紙漿創作，然後又開始用泥土創作。他的創作起初都很普通、不成熟，但是在過程中，他得以跳脫大腦的框架，用他的雙手揮灑創意，整整三個月，一週三次，他都沉浸其中。

直到最後，藉由每一次的創作和沉思，他終於意識到自己渴望成爲編劇，因此他決定放膽一試。他很開心自己找到一群跟那間藝術學校有關聯的人，他們幫助他完成了人生中第一部電影。他的使命等於爲他帶來金錢收入嗎？沒有。他的使命有爲他帶來喜悅、合作、創意嗎？絕對是的。他的電影有上映嗎？電影後來在許多地方上映，只是沒有在大銀幕播放。許多教堂、學校、藝術工作室都播映了他的電影，這滿足了我的客戶的使命感，讓他能投入身心在藝術、創意和靈魂上，透過藝術傳遞訊息。這只是他的第一步，他現在正專心學習如何寫電影劇本、電視節目劇本，為地球帶來更高的振動頻率和更有意義、更美好的能量。

人生使命跟創造力的貢獻有關；將靈魂的美麗散播到這個地球，提升地球整體的振動頻率；透過內心的安定與滿足，療癒人們、幫助群體。人生使命的意義便是如此。若你能理解，那麼你很快便能找到自己的人生使命。

心的四大密室

還有一個強大技巧可以幫助你解讀人生使命，我稱為「心的四大密室」。這個技巧會引導你走進心靈的核心——居於心中的人生使命。藉由這個方法，你會與心的四個能量中心交流。

現在，使用「心的四大密室」技巧時，要先知道一件事：我們胸腔內部的心臟有四大腔室，上半部是左右心房，下半部是左右心室。能量心臟也有對應的四大腔室。四大腔室對應了意識的四大面向。右心房象徵你的內在小孩：創造力、喜悅、隨性的自己。右心室象徵內在成人：負責做決策和支持眞實的自己。左心房象徵智慧之心：永恆的神聖靈魂，無論多少次總是寬恕萬事萬物，並試圖理解隱藏在人類行爲表象下的眞實情況。左心室則是你的勇氣之心：準備好採取行動的靈魂，願意去做能帶來成長的任何事情，使你成爲眞實且有力量的人。

進行「心的四大密室」技巧時，請進入你的神聖場域。清理前、後、左、右、上、下的能量，讓自己處於寧靜、平穩、敞開的狀態。閉上雙眼，吸氣吸入你的心中。在這裡，我要你想像你的心啓動了一道明亮的金色之光，照亮你的心和四大腔室。如同一個金色光點，從心中擴散，變成美麗的能量光芒。

做幾個深呼吸。慢慢來，直到你感受到了心中傳來的溫暖。假如這是你第一次進行這個練習，或是你覺得自己需要一點協助，請將一隻手放在心上。完成跟心的連結後，將意念焦點帶到上半部的右心房。在右心房，想像你跟內在小孩相遇。這不是你那受傷的內在小孩，而是快樂、具有創造力、喜悅、眞實的內在小孩。詢問內在小孩：「你喜愛什麼？你來到此生是爲了分享什麼？你的天賦是什麼？你有哪些才能？在這個世界上，你想要以哪種方式好好享受、嬉戲？」接著，維持放鬆的坐姿，聆聽回答。想像內在小孩跟你對話，就像是跟內在小孩在玩競賽遊戲，讓他跟你分享他的興趣和重視的事。想像他跟你分享他熱愛的事、在乎的事、想要參與的事。

接收訊息的過程中，你可以大聲說出你感受到的一切，有助於你跟內在小孩溝通。「我感受到你的本質是愛，我感受到你熱愛打造事物。謝謝你讓我知道你這麼熱愛烹飪。謝謝你讓我看到你跳舞的樣子。」無論浮現什麼訊息，不要有預設的期待。你只要敞開、開放、好奇、願意接受。一、兩分鐘後，內在小孩會安靜下來。

接著，焦點放到下半部的右心室，你會遇到你最純淨、安定、開放的內在成人。這是你，是你此刻的最佳版本。你心無畏懼、毫無困惑，有的只是清明、果斷、明晰和開放。詢問內在成人：「你準備要做什麼？能讓你喜悅的是什麼？你想要爲世界服務什麼？你願意嘗試什麼？你想要我的焦點放在哪裡？」同樣的，保持開放，放下過去的抗拒，敞開自己去了解新知。放下左腦意識的干擾。大腦無法傳遞這些訊息。這些訊息來自你的內在自我，你的神聖自我，那知曉一切的能量自我。同樣的，接收任何感覺、想法和洞見時，請大聲說出你接收到的訊息。

讓這個過程持續幾分鐘。深呼吸，說出你接收到的每一個訊息，你只要維持好奇且開放的心態即可。不要有任何既定立場，這個過程是純粹的探索。

接下來，來到位於左心房的智慧之心。這是你的古老自我——跨越時間的永恆自我，知曉宇宙的本質。詢問你的智慧自我：「你想要我理解、釋放、寬恕、帶往未來的是什麼？哪些是我能貢獻給這個世界，讓地球變得更好，並且療癒所有破碎的心靈的？能帶來啓發和振奮人心的是什麼？你要跟我分享和透過我傳遞的智慧是什麼？讓我能先行了解我在這個世界的定位，並成爲智慧、愛、慈悲的管道。」

同樣的，保持開放的心，接受浮現的一切答案，放下既定立場和預期。如同一場你沒看過的電影，你不知道下一幕會是什麼。你要保持好奇心、開放、敞開，不需要知道下一幕是什麼。

完成後，進入左心室，你會進入勇氣之心。在這個密室，你會連結到勇敢無畏的你，那個毫無保留、毫無防衛也無戒備心的你，更是願意全力以赴、帶著自信、展現自己、力量充沛、樂於表達的你。詢問你的內在勇氣之心：「你希望能如何透過我展現自己，幫助我實踐人生使命呢？你希望能在我的哪些行爲中呈現出你的特質呢？決策、態度還是身體？」

再一次，保持開放。聆聽並抱持著接收的心態。只要大聲說出那些訊息即可，無需用邏輯去分析。也許是一個單字、一閃而過的畫面、微弱的感應、模糊的感覺。無論浮現什麼都講出來，要知道這些訊息最終都會變得清晰且有意義。

拜訪完四大密室後，將你的意識帶回完整的心中。深吸一口氣，雙手手掌來回摩擦，接著手掌覆蓋雙眼，將意識帶回此刻當下。然後將雙手放到心上，輕輕地張開雙眼，站起身、伸展身體。

爲了方便之後回想，花點時間將你收到的訊息記錄在筆記本裡。你也可以拿起手機錄音做紀錄。你收到的訊息可能很零碎，但隨著時間累積，最後它們都會拼湊起來，變成完整的指引。

假如你做了幾次「心的四大密室」，也許一週做個一至兩次，持續好幾週，你的心靈智慧將會把這些訊息拼湊成指引你的完整畫面、人生方向、振奮你的使命感，這會讓你從「思考人生使命」中跳脫出來。到目前爲止，每一個進行「心的四大密室」技巧的人，都成功了。有許多人做完之後，進而轉職、周遊列國、開始接受訓練、創作藝術、服務他人、成爲志工、創業。無論你的使命爲何，只要你跟心的這四個面向溝通交流、深入探索，使命就會自動向你顯現。保持耐心、保持好奇，放下期待，看看會發生什麼事。這個美好的方式不只能連結你的心（你的使命所在之處），還能啓動你的心靈力量，提升振動頻率。藉此，你會開始吸引跟你共振的人進入你的生命中，他們會協助你實踐人生使命。你的內在與外在世界也會整合，促使你活出人生使命。

脈輪解讀

脈輪解讀是深度的通靈解讀，用來發覺你的使命並恢復身心平衡。在身體中軸上的脈輪主要有七個能量中心，跟肉體重疊，從最下面的第一個脈輪（代表生存）開始，到頭頂的頂輪（代表使命與服務），每一個脈輪都代表不同面向。

進行脈輪解讀時，要先進入你已經做過的喘息之屋，這你應該很熟悉了。開始之前，花點時間清理掉任何焦慮、失落、批判、沒耐心，進行幾次清理的呼吸練習，幫助你清空垃圾。接著連結心中的光，想像它向外擴散包圍你，你安住在這個純淨神聖場域中。接下來，覺察跟肉體重疊的能量體。

閉上雙眼，將意念聚焦在尾椎底部。這裡是第一脈輪的位置，這個能量中心維持你的生命力與身心靈安好。第一脈輪的頻率如同紅色光球，幫助你滿足生存需求，吸引所需的資源，強化精力和生命力。專注於第一脈輪，想像紅色光球逐漸擴張，顯示出一場劇情，這個劇情會播放滋養自己（肉體與靈魂）的方法。（你可以在每一次的脈輪解讀中，只專注於一個脈輪，或是按照脈輪的順序，一次做七個脈輪。但是你要讓每一場劇情都向你播放完畢。）

請你的靈魂告訴你，該如何才能滋養眞實的自己。脈輪解讀是運用你的想像力跟脈輪溝通，每一場劇情或訊息會花一點時間才會逐漸清晰，因此請保持耐心，信任畫面會自然浮現。

專注在每一個脈輪上，如同專心看一場電影。請放輕鬆，放下大腦的期待或批判。你不會知道這個解讀會帶給你什麼，但是一定會跟以往不同，令人振奮、收穫良多。大聲說出浮現的畫面或訊息，無論乍看之下是否合理。也許你接收到的不是畫面，而是訊息。也許腦海中會浮現某些想法。無論訊息是什麼，無論呈現的方式爲何，請信任這些訊息終究會變得有意義。

如果第一脈輪的訊息已經呈現完畢，將注意力帶到尾椎和肚臍之間的位置，這是第二脈輪。這顆光球綻放著美麗的燦爛橘色之光，是你的創造力中心。想像第二脈輪擴展開來，燦爛的橘色之光旋轉著。接著，如同看一場美好的電影，請第二脈輪顯現能讓靈魂揮灑創意的方式。敞開心胸接受浮現的訊息，即便你不認爲那個方式是揮灑創意的方式。也許你會看見樂器或寫作的工具。也許你看見自己在打造什麼東西，在跳舞、旅遊或是演說。敞開自己，不要有任何既定立場。最重要的是保持敞開，接受浮現的任何畫面或訊息，即便那是你從未思考過的建議。不需要試圖用邏輯去解釋訊息。把解讀脈輪當成是你在挖掘隱藏祕寶。記錄出現的畫面，錄音起來，甚至是大聲說出來。這會幫助你記住你接收到的訊息。

我有一位學生是會計師，她在探索第二脈輪時，很驚訝地看到自己出現在即興創作的課堂裡，這完全是她之前沒想過的劇情。她記錄下來之後，決定報名即興創作課，意外發現自己熱愛即興創作。雖然白天依舊在做會計師的工作，但是她在即興創作課程裡找到了快樂，也從此結交了新朋友。

我們繼續進行脈輪解讀。現在將意念往上移動，聚焦在太陽神經叢，這是你的第三脈輪，位於肚臍附近。第三脈輪掌管你的力量、決策、界線、自主權。這是主宰你的人生的脈輪。第三脈輪的能量散發著明亮的黃色之光，如同正中午的太陽般耀眼。運用想像力，看著這顆黃色光球旋轉著、擴展開來，顯現畫面，指引你如何成為更有力量的人。觀看的同時，注意觀察畫面中的你在做什麼？說了什麼？發生了什麼事？你具備了什麼樣的力量？你如何展現那股力量？同樣的，抱持著好奇心，讓想像力告訴你答案，大聲說出你觀察到或感應到的訊息。你可能會出現某個感覺、某種感應，或是看到某個模糊的畫面，也可能全部都有。不用試圖馬上解釋這些訊息的合理性。它會隨著時間漸漸讓你明白理解。至少，脈輪解讀能夠啓動這些能量中心，允許靈魂指引你該如何在第三次元的世界裡活出人生使命。

解讀每一個脈輪時，都代表自己的每一個面向被你呼喚出來，這些面向可能是你遺忘或是遺失已久，現在終於回歸，並支持你活出人生使命。

現在，我們移動到第四脈輪——你的心輪。你已經在「心的四大密室」技巧中跟心輪合作過，所以你應該比較熟悉這個脈輪了。第四脈輪的光球旋轉著，散發出燦爛的綠色之光，是大自然中的主要顏色。看著綠色光球旋轉、擴展開來，像電影一樣播放隱藏在心輪中的畫面，顯現出能充實內心的是什麼，什麼將來到你的心中，你的心該如何展現它自己。同樣的，抱持著好奇心，發揮創意，敞開接收任何訊息。

無論出現什麼畫面或訊息，都可以放在心上。就算那些畫面和訊息很模糊抽象，也不需要試圖用大腦去解釋，只要敞開接收就好。你也可以大聲說出來，「我感覺到溫柔的擁抱」，或是「我聽見鋼琴的聲音」。左腦可能無法理解這種訊息，但是你在做的是蒐集寶藏，這些訊息最後都會以某種方式引導你活出人生使命。

繼續來到位於喉嚨的喉輪，代表隱藏的真實、任何形式的自我表達。喉輪的頻率散發出天藍色的光。看著天藍色光球擴展開來，顯示出一場美好的劇情。也許你會看見或聽見自己在跟他人對話，或是接收到指引你的洞見——也許是書寫、歌唱、演說。抱持好奇心，敞開接受第五脈輪給予你的任何訊息。它會協助你實踐使命，因此抱持著開放的心胸，接受喉輪給你的指引。給自己一點空間、耐心、時間，允許訊息向你顯像。詢問喉輪它渴望表達或釋放的是什麼，接著觀看和傾聽。

接下來，準備好後，將注意力帶往額頭中間，雙眼上方的位置。這是第三眼脈輪，代表洞見和靈感，它的頻率散發著靛藍色的光芒，像顆旋轉中的深靛藍色光球，如同午夜的夜空。也許在第三脈輪開始播放劇情、閃爍光芒之前，它在你眼中就像是電影院中的靛藍色銀幕。想像靛藍色的光球旋轉著，擴展開來，顯現迷人的劇情，讓你看見實踐人生使命的過程。你的靈魂在做什麼？你穿著什麼服裝？你要移動去哪裡？離開哪裡？你在透過肢體、表情或語言傳達什麼？同樣的，心存好奇，喉輪播放的劇情會讓你又驚又喜。享受觀看的過程，信任喉輪會喚醒你的使命，從而知道人生使命爲何。

劇情結束後，將注意力帶到頭頂，也就是頂輪——神聖使命的寶座。事實上，你甚至可以觀想這是一個萬丈光芒的紫羅蘭加白色的皇冠，略帶金色。你看著頂輪展開。在頂輪呈現的畫面裡，你最美好的神聖自我會顯現出來。你會看見自己光芒四射、耀眼無比。也許你會看見自己像是天使，或是自然界中的某個元素。也許你不會看見任何形象，但你會感受到一股平靜感油然而生。也許第一次打開頂輪時，你沒有任何畫面或感受。但是只要反覆練習，這個脈輪終究會啓動。就算你沒看見任何畫面，沒有任何感受，也請留意觀察你的感覺。浮現了什麼？你的神聖自我要跟你分享什麼？神聖自我建議你連結什麼？是服務的感覺嗎？是冒險的感覺嗎？是愛的感覺嗎？是安定踏實的感覺嗎？這個脈輪會傳達某些訊息。不要預期那是某種宏大的訊息。人生使命是低調的振動頻率。往這個方向摸索。

起初，脈輪解讀可能有一點難，你可能會發現自己又落入左腦思考的陷阱。但是，請你放輕鬆，重新回到你的呼吸上，回到脈輪播放的畫面裡，回到好奇的心態裡。你不需要知道這些畫面和訊息到底要引領你去哪裡，只需要信任一切終將水到渠成。

最後，將意念從頂輪抽離出來，觀察哪一個脈輪的感覺最強烈。哪一個脈輪給予你最多資訊？哪一個脈輪引起了你的注意？你的意識浮現了什麼訊息是你需要特別注意的？無論你收到什麼訊息，大聲說出來。

接收並整合完這些問題的答案後，將你的意識帶回身體，將注意力聚焦於呼吸上。穩定地深呼吸。覺察你的雙腳，接著是你的雙腿和軀幹。轉一轉你的肩膀，伸展肩膀。這眞是一場精采的冒險啊！慢慢地，睜開雙眼。將一隻手放在心上。吸氣，起身做個伸展。

完成後，用手機錄下你接收到的訊息，或是記錄在筆記本裡面。假如你發現你記得的內容跟你在脈輪解讀裡的體驗有些微不同，也別驚訝。脈輪一旦擴展之後，會有更多訊息開始流入生命之中，因此繼續敞開自己、心存好奇，你還會接收到更多洞見！

你在解讀中接收到的一些洞見和靈感，可能很快就讓你明白其中的意義，但也可能讓你更加困惑。當內在自我和靈魂敞開之後，你會發現自己也不知道的一面，所以你會需要一點時間去沉澱這些訊息。不管如何，請信任你接收到的訊息終有一天會讓你理解。在真實自我中沉睡、甚至遺失的面向，會被脈輪解讀喚醒，開始覺醒。它會指引你如何眞實且喜悅地活著，指引你讓自己重拾平衡。如果一次解讀七個脈輪，訊息量會太大。所以，一次只解讀一到三個脈輪，會比較能夠吸收脈輪的訊息。試試看吧，去摸索哪個方式比較適合你。

脈輪解讀這個技巧能夠引導你去覺察，覺察能讓你實踐人生使命的行爲與契機。事實上，比起傳統的分析方法，我目前跟你分享的所有解讀技巧都是有架構的方法，可以挖掘隱藏的訊息，接收更多洞見，引導你成爲眞實的自我，引導你探索能量世界，得到答案。

多年來在各國教導形形色色的學生運用脈輪解讀探索人生使命，我的經驗是，只要做個幾次脈輪解讀，六十天到九十天內，使命感就會從內在深處湧現。你的人生使命是眞的會從天而降。即便你只做了一次脈輪解讀，沒有任何結論，也別意外你在三天之後那一聲「啊哈！」的頓悟。就是這一刻，恍然大悟、天降啓示，你會領悟自己的本質，領悟你此生要展現和分享的是什麼。

運用這些解讀技巧幫助你蛻變成嶄新的存在，活出嶄新的活法。你在做的是允許完整的自我浮現出來。我必須再次強調，解讀人生使命時，請一定要心存好奇、抱持開放、願意接收、放鬆自在。設定意圖，邀請你的人生使命浮現出來。不要把使命跟工作或職業混爲一談，繼續帶著心中的愛去從事你在做的工作。要知道，你的工作會以某種形式讓你去經歷某些事件，最終引導你找到人生使命，或是成爲你的人生使命。在幾個月之內，一切答案都會水落石出。我從未見過有人在發願找到人生使命後，還一直沒有頭緒的。只要你夠有耐心、足夠敞開，願意了解和探索你遺忘已久的內在面向，只要你持續心存愛與良善、服務之心和對人性的好奇，繼續從事目前的工作，你就會真心相信自己的人生使命會日漸清晰，不可能會迷惘。

以靈魂解讀人生的核心要素

如你在前面幾章所讀到的重點，學習解讀人生需要聚焦和專注。解讀人生需要你：切斷急躁、未經審視的日常意識之流，轉而向內在看得更深、向內自省；切斷無意識的衝動反應並清空既定觀念；心懷好奇與發揮冒險精神，以全新的角度去探索生命大小事，而非只是用左腦去分析人生。實際上，學習的過程需要時間累積、反覆練習、耐心堅持，才能在最深的層次讀懂生命之流。但是，只要你渴望讀懂生命之流，你就能做到，也一定會做到。

讓我告訴你一個好消息，儘管你只付出了一點點的努力，這些解讀的練習仍會產生效果。當你精準地解讀自己、解讀他人、解讀人生使命，你的生活將與以往不同。最大的改變就是你不再讓小我主導你，不再只關注外在的物質世界。你會開始活出你的靈魂，開始整合內在自我與力量，過著更完整、更深邃、更充實、更有自信、更有創意、更合一且更有意義的人生。你會意識到自己不受限於肉體，因爲你認知到自己是多重次元的存有。你會鍛鍊你的外在五感，幫助你穿梭在物質世界中；你還會遵從內在感知而行事，成爲神聖、具有創造力的光之存有，因爲你本就如此。

每一天都可以隨時進行觀想、做白日夢。觀想讓我們活在多重次元裡，這個方式會讓生命重回它的本來面貌——奇幻般的冒險。

準確地解讀人生吧！要知道，你不只有能力做到，而且是天生就能做到。況且，解讀人生是你的必要技能，幫助你活出最美好、最安全、最有創意和最充實的人生。

第15章

精準解讀地點

關於解讀人生，最實用的技巧之一莫過於解讀地點的能力。我們在人生中悠遊，在不同地方駐足、經過。舉例來說，生命中最重要的一個場所，就是我們的家，這點無庸置疑。家，是我們的根基、庇護所、安全感、歸屬感、自在的所在，讓我們能逃離外在世界從而獲得一絲喘息，讓我們得以放鬆、鬆開緊繃的一切、做自己、感到安心。

另一個重要的場所便是職場了。多數人的一生都在職場上花費大量時間，即便是在各國遊歷的數位遊牧工作者和創業家，也需要找到最佳的工作環境，才能專心、思考、創作、自在並提升生產力。當住家就是你的工作環境時（這是多數人的現況），就更需要讓居家與工作環境有明確的區分和定義，讓同一個屋簷下的兩個空間，可以滿足我們對「家」和「工作場所」的需求。

我們的生活也擺脫不了場所與地點，我們在不同的場所舉行儀式與慶典，經歷重要的生命事件，例如結婚、生小孩、慶祝生日和週年紀念日，甚至是喪禮。我們的社交場合也在生命中占有一席之地，社交場合也是日常生活中會去到的場所，而我們也會尋找散發美好能量的地方，好讓我們可以舒服自在地與人交流。舉例來說，我認識的英國人告訴我，當地的酒吧是重要的社交場合，因爲他們的住家往往空間狹小或是不適合社交。當地的酒吧就像是開放給大眾的客廳，每個人都可以進來這裡認識、交流、共享歸屬感，找到自己的群體。事實上，我在倫敦跟計程車司機有過一次對話。他感嘆自從前幾年的新冠肺炎疫情以來，許多酒吧都已關門大吉。他也很難過常去的當地酒吧已經收掉了，沒撐過疫情的封鎖期間。我們不能低估生命中那些具有意義的場所在我們人生中扮演的重要性，因爲這些場所在許多層面，都定義了我們日復一日的生活經歷。

格格不入的感受

十年前，我離開家鄉移居巴黎。過了五年，我又搬去了倫敦，展開巴黎與倫敦的雙城生活。因爲如此，我對地方的認同與情感，亦即地方感（sense of place），散落在地圖上的每一處，有時候這種感覺讓我難以招架。儘管這樣的人生聽起來很有趣，從外人的角度來看也光鮮亮麗——的確也是如此。但是，我仍找不到內在的那份歸屬感。我的地方感很短暫。儘管我已經習慣這點，也依然享受著它帶來的好處。然而，我發現自己會習慣讀取能量的變化，好讓我能知曉下一步該去何方，才能再一次體驗那份更深刻、更穩定、更深邃的地方感。

請思考你的人生，思考對你來說重要的場所，思考這些場所是如何影響你的人生。例如，你是否深愛你居住的家，能在裡面獲得平靜與庇護？或者這只是暫時的棲身之所，直到你找到下一個落腳處？那麼，你對於職場的地方感呢？職場環境會讓你每天都期待去上班嗎？還是你每天早上都如僵屍般走進公司大門呢？

「地方」能帶給我們穩定的根基，這是每一個人都需要的心靈需求。我還記得二〇一五年我在巴黎的時候，那時恰巧遇到敘利亞內戰，成千上百位敘利亞難民逃難至歐洲，街道上到處都是難民。無數家庭流離失所，身上只有單薄的毯子，難以蔽體、難以保暖且無處可去。目睹這一切，真的令人心碎。在俄羅斯與烏克蘭開戰後，又有第二波難民從家園撤離，數千名烏克蘭人被迫逃離家鄉，逃離戰爭。美國當前面臨的最大危機之一，就是與日俱增的街友數量，尤其是在大城市裡，隨處可見的營地不斷擴張，更別說還有邊境危機，大量的移民從墨西哥越過南方邊境湧入。這些人想要找到安全的棲身之所，以及可以稱之為「家」的地方。但是另一派的聲音卻說：「你們不能在這裡落腳。我們不歡迎你們。」這種全球的人口位移是人類現在的嚴峻議題，也造成難以估計的混亂與疑慮。

話雖如此，我們可以提升自己的意識，運用直覺與外在的感官去評估這個地方適不適合自己。不論是短期的落腳處，還是能讓我們安頓下來、說出「我屬於這裡，這是我的家」的地方，都需要我們用所有的感官先行評估。

第二次世界大戰時，我的母親因為戰爭關係，逃離了羅馬尼亞，最後落腳在美國，當時她僅有十六歲。因此就某些層面來說，這種格格不入的感覺刻畫在我的基因裡。她總是覺得自己有點格格不入，無法融入美國，儘管她盡其所能將美國稱之為她的家。再加上她是聽障，有溝通障礙，也只受教育到十二歲，這些因素加起來都讓她在美國難以找到棲身之所。選擇落腳之處時，是否能與他人擁有共鳴，往往是影響我們的因素之一。如同我們會想跟與自己相同的人聚在一起——相似的思考模式、共同的價值觀及優先順序、共同的笑點等等。

格格不入的感受，是人們心中最常出現、也最少對外訴說的感受之一。這種感受有時候會以更幽微的方式出現。舉例來說，假如你是一個自我覺察程度高且有創造力的人，而你的家人偏向以左腦思考，只在乎日常生活中的實際層面，不怎麼煩惱自我認同和生命意義，那你可能會覺得自己跟家人格格不入。如若你跟家人或同事的政治立場不同，有不同的宗教信仰，你可能會覺得自己格格不入。

人們常跟我說：「我無法融入職場。」有些人則說：「我喜歡我的工作，但我不喜歡去公司。」事實上，新冠肺炎疫情爆發期間，正當人們四處躲避病毒時，有許多人非常高興能夠居家辦公。反之，那些熱愛與人互動，需要跟人交流、合作才能獲得激勵、連結感的人，卻因此痛苦不堪。遠端工作反而讓他們感到疏離，居家辦公讓他們感到格格不入。他們與人群脫節，覺得自己的靈魂被抽離、失根，因而陷入憂鬱與孤獨之中。

解讀地點的技巧還可以應用於家長替孩子尋找安全的學校，這很重要。這也是美國的嚴重問題，因為槍枝暴力事件頻傳，學校不再是安全之處。找到安全且負擔得起的學校則是另一個問題了。因為那些符合我們價值觀和優先順序，符合我們想要在社群中培養的觀念的學校，學費往往高得難以想像。

心安身自安

如同我的老師教我的，你最需要落腳的地方就在你的身體裡。一旦對身體有歸屬感，就能解決許多人在外在世界裡尋找棲身之所的諸多問題了。因此，讓我們從自己的身體開始。

在身體裡找到歸屬感，也是解讀自己的一種。能夠安住於身體裡，意味著你能自我接納、接納身體、安定踏實、愛自己，這些都是找到自我歸屬感的關鍵要素。

自從我移居歐洲之後，我發現自己當時正經歷人生的巨變，一切都從我的兄弟驟逝開始，我們那時不知道他其實生病了。他在睡夢中因心臟病發而逝世。我的父親在六週後也突然驟逝，極有可能是因爲哀傷過度。接著，我三十年的婚姻結束了，這段婚姻並不像童話般美好，因爲我們後來在觀念上出現分歧、無法修復，最終我的丈夫離開我了。

我失去了父親、兄弟和丈夫，也因爲離婚，失去了我的家。如同打保齡球時一擊全中，所有的球瓶全被擊飛。剎那間，我失去了依歸。

但當我移居巴黎後，外面的景象是如此美麗，安定了我的靈魂。我的直覺知道這就是我的下一個落腳點，畢竟我在法國生活多年了。至少在這裡，我感受到了靈魂的連結，尤其是巴黎。儘管巴黎的確有什麼力量在支持著我，但情感上我依舊十分孤獨。我常常會覺得自己格格不入，不禁思忖：「爲什麼我在這裡？肯定不是因爲有人陪伴！我根本不認識任何人。」我花了好一段時間自我反思，這才意識到，搬來巴黎居住其實是一則宇宙的邀請，邀請我安住在我的身體裡，爲自己創造歸屬感。

我別無選擇。我在巴黎認識的人寥寥可數，而且又離我很遠，因爲我是一位待在家寫作的作家。除了機緣巧合，否則我的生活中沒有任何場合或機會可以遇見其他人。甚至，巴黎的文化也有點排外，不一定能夠馬上接納外地人。我沒有把這件事放在心上。由於之前在巴黎生活過，我理解在巴黎的文化中，他們的人際關係通常都是由「一輩子的朋友」、「兒時玩伴」、「職場朋友」組成。很少巴黎人會主動認識陌生人，尤其不會是美國人。我後來才了解到，雖然巴黎人認爲美國人很友善，但也覺得美國人輕浮、膚淺。

我只有一個辦法能夠找到自己的地方感：我自己。這並非易事，但我還是成功做到了。無論身在何處，即便是在巴黎，我也能自在地與自己相處，安然活在我的皮囊裡。我別無選擇呀！

諷刺的是，當我透過冥想、寫日記、自我接納、療癒、解讀自己、漫步城中、療癒過往、接受人生中那些接踵而來的失去並從中學習後，我變得更加平靜。我到家了。現在，無論我身處何方，我都屬於我自己，也不再爲了安全感而尋求他人的認可或接納。

別誤會我的意思，我是喜愛社交的人，我們都需要跟他人建立情感連結。但是當我搬到巴黎後，一切從頭開始，我必須學習與自己相處。我學會了擁有內在歸屬感，並安住其中，甚至安住在這個新的國度裡，這既賦予我無限的力量，也讓我從失根漂泊的感受中徹底解脫。隨著時間過去，雖然那些接踵而來的失去讓我感到痛苦，但我也開始意識到，我其實沒事。無論我身在何處，我都可以與自己和平共處、安然自在。我開始結交朋友，開始與他人建立更深的關係，因爲我已經跟自己建立起了深刻且療癒的關係——這個關係早就應該要有的。出身於有七個小孩同住屋簷下的家庭，以及跟身爲九個小孩之中的長子共結連理，我的人生一直都跟別人綁在一起，試圖討好他人，卻沒有好好跟自己相處過。因爲會強烈感受到他人的情緒和能量，我總是將他們的需求擺在第一順位。我時常沒有考慮到自己的需求。不久之後，我逐漸明白，來到這裡儘管充滿挑戰，實則是直覺在暗地裡引領著我走向完整、療癒的人生，引領我活出內心平靜的人生。

自在感與地方感不在外頭，而是源自內在。因此，請問問自己：「我滿意我的皮囊嗎？」（這也是我一直很喜歡的法國諺語：「你在皮膚裡好嗎？」〔Je me sens bien dans ma peau?〕，意思是你能自在做自己嗎？）「我喜歡獨處嗎？我是否愛自己，也對自己好呢？」

隨著時間過去，我已經了解到，真正的我並非是我的身體，而是我的靈魂。但是啊，能夠安住在身體裡，是多麼美好的感覺！我感覺很好。我很自在。我接受自己。我關注自己。我知道能照顧自己的是什麼；我知道能讓我快樂、安全、安心的是什麼；我知道能滋養我、餵養我、溫暖我的是什麼。遭遇了生命中的這些起伏，都是爲了讓我抵達這個境界。

回到你身上，你能跟自己自在相處嗎？因爲我深知一件事：假如你無法獨處安身，無法與自己自在共處，你這一輩子都會到處漂泊，像個異鄉人般四處尋找安身之所，卻無處容身。請別讓這件事發生。只要投入自我省思與個人成長的修煉，最終便能與自己和平共處。畢竟，那種不安不會自己消失。無視這種感受，並不會讓你突然就能跟自己和平共處。外在世界的那些消遣與娛樂會麻痺你的情感，導致成癮，進而產生更多失落，還會浪費時間、金錢和能量，無法塡補內在的空洞。因此，開始自我覺察，並花時間培養自己與身體的良好關係吧！

你最終的歸屬，你最安全的所在，沒有人能從你身上奪走的，就是你的意識——穩穩扎根於你的肉身，安住其中。如果你不喜歡自己的身體，或是覺得不夠好、不夠有魅力、不夠健康（遺憾的是許多人都有這種想法），請尋求協助和支持，幫助你改變。舉例來說，如果身材外貌讓你很沒自信，也許你可以接受療癒，轉變心態。閱讀一些能幫助你愛自己和接受自己的書籍，例如布芮尼．布朗（Brene Brown）的《不完美的禮物》（*The Gifts of Imperfection*）或桑尼亞．芮妮．泰勒（Sonya Renee Taylor）的《身體不是道歉》（*The Body Is Not an Apology*）。嘗試透過催眠療法和冥想來療癒對身體的錯誤認知。你的身體是個奇蹟。你的身體無眠無休地支持你，只要你還活在這個世界上，你的身體就是你作爲人類的家。

感謝自己、專注在自己身上，並將身心安好列爲你的第一順位，這是能夠改變一生的禮物，也是安心安身的必要條件。假如你被灌輸要友善待人並將他人放在第一順位，如我在天主教學校受到的教育一樣，上面這個建議對你來說可能會有點自私。出於過往的制約，你的腦海中可能會反覆出現這些聲音：「你什麼都不需要，他人的感受更重要」、「不要那麼自我中心」。我也是如此。

這些觀念害得我們許多人都產生共依存傾向、有毒的情感混亂關係。是時候終結這些摧殘靈魂的信念了！解讀人生和解讀地點的關鍵環節之一，就是榮耀居住於你內在的神聖靈魂。若要心安身自安，則每一天都要知道和選擇對你而言最重要的事、你熱愛的事、你喜歡的環境氣氛，甚至是穿著你最喜歡的衣裳，吃你想吃的食物，聽你想聽的歌，以及去你身體想去的地方。就算無法時時刻刻做到，至少要盡量做到。你做的每一個選擇，都要讓自己與身體的關係更自在、更舒適。這是找到內在安全感與歸屬感的方法。

讓家成爲靈魂安穩的庇護所

儘管找到內在的安全感對於找到歸屬感而言，是最重要的事，但我們仍舊需要實體的地點來休息和安頓身心。出於明顯的原因，你的家園就是首要地點。首先，這是你逃離外在世界的庇護所，在這裡，你得以放鬆、休養、修復並休息；你得以做你自己、卸下武裝、放鬆身心、眞誠且眞實；你得以透過設計風格、裝潢布置、家具擺設來展現自己的靈魂與個性，也可以購買任何物品來陪伴你的日常生活。

如果你的家無法給你安全感，它會在不知不覺中消耗你。許多人沒有花心思注意家裡的環境，最終住在混亂、失序、擁擠、髒亂的空間裡，一點都無法提供能量上的庇護。

所以，讓我們從解讀家園開始，進而改善這點吧。好好看看四周，研究屋內環境的現況。注意這個空間，注意空間內的物品和擺設。你喜歡你的家具嗎？你喜歡你的裝潢嗎？你喜歡牆壁的顏色嗎？跟你同住的人呢？我遇過許多人是跟自己不喜歡、處不來的人同住，有些是共住一個屋簷下的家人，有些則當過一陣子的室友。因爲這樣，家不再是庇護所，反而成了充滿壓力和緊繃的所在，是想要逃離而非躲進去休息的地方。你的經驗也是這樣嗎？

讓我們進一步檢視。你的住家的實際狀況是什麼呢？乾淨整潔嗎？採光好、照明亮嗎？

通風佳嗎？這些要素都是靈魂安穩的必要元素。你的家是否夠整齊？也許你沒有潔癖，家裡看起來也不像雜誌裡的展示照片。然而，你的家是否對你來說夠明亮、整潔，讓你願意待在裡面，而不是被混雜的能量壓得喘不過氣呢？

我多年前住在芝加哥時有位鄰居人很好，他有著最善良、最溫柔的靈魂，卻總是有嚴重的情緒困擾。當我走進他的住處，那也是我住在芝加哥期間唯一一次去他家裡，我才發現他有嚴重的囤積問題。他的家裡堆積了雜七雜八的物品，走廊已經很小了，根本沒有地方可以從大門走到廚房。他自己也知道這根本是一場惡夢。他無法安心待在家中，也無法自在地離開家門。最後，由於破產，他被迫賣掉房子、清空住家。一趟又一趟的貨車花了好多天才清空房子裡面的所有物品，原本美麗的家終於重見天日。當他環顧清空雜物後的住家，說道：「我不敢相信，這個家太美了吧。我已經好幾年沒有見過這個畫面，它一直被我的雜物埋藏起來。」

請以他的故事爲借鑑，覺察你在住處放的物品。解讀住處的能量！

我還記得多年前，我的姊妹有幸跟一位藝術品收藏家結婚，他收藏了一幅西班牙畫家達利的石版畫。過了幾年，她說：「我們要重新改造家裡，要把這幅畫丟掉。你想要達利的作品嗎？不用看，直接送你。」

「當然好啊，太棒了！我想要！」太慷慨了，這是大師的作品欸！但是當我真的拿到那幅石版畫時，畫作好難看，我一點也不喜歡。最後，我一開始掛在牆上，但接著還是把它塞到了櫃子裡。我決定我不要這幅畫了，並在某一次的舊物拍賣上將它出售。那幅畫干擾了我對住處的情感。每一次走到大廳看到那幅畫，我都覺得刺眼。這幅難看的畫彷彿跟著我，凝視著我，讓我全身起雞皮疙瘩。我不在乎它的藝術價值。就算藝術價值再高，都不值得我爲了它犧牲自己的平靜，破壞我家的庇護感。

丟掉這幅畫讓我很有罪惡感，也擔心姊妹覺得被冒犯、認爲我不尊重她，所以最後我還是決定跟她坦白。她只是笑了笑並說：「這大概是個好決定。我也很討厭那幅畫，所以才把她送給你。」

維護住家的能量時，果斷一點，不要太多愁善感。憑著你的感覺，評估哪些物品要留下，哪些要送出去或丟掉。研究這個空間對你的影響，一間接著一間去感受，問問自己這個空間是否散發自在的能量。誠實且客觀地去感受。不要用左腦去分析，要運用你的感知能力。你的左腦會製造一堆理由讓你把不適合的物品留下來，腦海裡會有這些聲音：「你有一天會用到這個東西。它還是有價值的。不要浪費它！」

如果你擁有某樣自己不喜歡的物品，而且帶給你不好的能量，那麼留它在身邊也只是浪費這個物品的價值而已。如果你將不再有共鳴（或是從未有過共鳴）的物品捐出去，你就是讓別人能夠享受它，你也會從這種不和諧的能量中解脫。這不失為一種雙贏的選擇。由於人都會隨著時間成長、改變，因此在能量上適合我們的東西也會跟著不一樣。所以我們才會有想要重新改造、重新裝修、重新擺設的衝動——舊有的環境已不適合我們，不再能滋養我們，不再讓如今的我們怦然心動。如果你也遇到一樣的狀況，把東西清出去，讓物品去找到更適合的主人，再將新的物品帶進你家吧。

我的老師教導我，如果你擁有的物品不再適合你了，就該丟掉。因爲唯一有價值的就是時間，而我們只有短暫的一生。不要讓家裡的任何東西剝奪了你的平靜。這不値得。

簡樸是我遵從的原則和價值，現在也有許多人發現簡樸的優點了。簡樸的生活方式爲許多人帶來更深層、更親密、更安定與更平靜的地方感。儘管過去的趨勢是「越多越好」，幸好有越來越多人開始覺醒，提倡「簡樸是美」。試想一下那些平靜、帶來庇護感的場所，像是廟宇、教堂、清眞寺和神聖的花園，它們一點都不雜亂。這些場所很簡樸，空間感很大。因此當你走過家中每一個角落時，請注意觀察：這個角落有散發舒服的能量嗎？有哪些物品讓你覺得不舒服呢？你能夠丟掉它們嗎？

還有一個重要的場合會需要解讀地點，那就是尋找新家。你知道自己理想中的新家有哪些條件嗎？花點時間釐清那些條件。你的靈魂在尋找哪種地點？哪一種能量最適合你？

我指導過一位住在紐約郊區的客戶。十八個月來，她一直在抱怨：「我眞的跟這裡格格不入，我想要搬回市區。」

我跟她說：「沒有必要一直讓自己爲這件事煎熬。去市區尋找讓你有共鳴的房子吧。」

她照做了，並且馬上就找到一間吸引她的房子。隔天她和丈夫出價後，沒過多久他們就成爲那間房子的主人。她沒料到一切會發生得這麼迅速：「這間新房子帶給我很多靈感，我想要重新裝潢、重新設計，我等不及了。」

然而，裝潢進度開始了幾個月，她很享受設計自家裝潢的過程，但漸漸地，這間房子沒那麼吸引她了，她覺得這不像是她的家。她說：「我很愛這間房子，因爲它讓我能實踐我的使命，也就是室內設計和風水規劃，也讓我能夠打造一個散發著療癒力和健康的家。但是我發現自己不是眞的想要住在市區，我只是想要進行專案而已。」

她認爲買下這間房子是天大的錯誤，但我不這麼認爲。「這件事一定有其安排，它引導你活出人生使命，你也知道自己的使命是設計漂亮的住宅。你只需要賣掉這間房子，放下它就好。你之前那麼輕鬆就買了這間房子，那你也能很快就脫手。」

她也的確這麼做了。然而，她又回到了最初的抱怨。她意識到：「我需要的不是改變居住地，而是改變房屋的裝潢。我喜歡市區，但是體驗過居住在市區和郊區的生活後，我現在知道我比較喜歡郊區。只是屋內的裝潢不再適合我了而已。」他們搬回了郊區，而現在她負責幫市區的房子做室內設計。

找到適合你的地點的簡單方式，其實就是去散步。離開家門出去走走，尋找適合你的居住環境。麗莎是我的客戶，清晨時她都會在社區散步，尋找適合的新家，因爲她不想要原本的生活有太大的變動。你猜發生什麼事？她找到了，位置就在舊家旁邊的轉角。僅憑著在周遭散步、解讀社區的能量，麗莎成了第一位看到剛掛牌出售的房屋的人。她當天就買了下來。沒錯，有點太快，但只要你聽從內在的感知，事情的發生就是有可能這麼快。

在尋找適合的住處時，我們必須要先處理內在的矛盾。我們一方面想要落地生根，但另一方面，生命本就短暫，因此如果你試圖永遠定居某處，你會發覺自己很難達到這個目標。假如你試圖找到能夠讓你一輩子都有歸屬感的地方，你可能會陷入過度思索的泥淖，最後得不出任何答案。

我後來發現到解讀地點的最佳方式，就是詢問內在：「這個地方適合現在的我嗎？」或許人生方向會在之後改變，也或許你會出於某些原因而被迫改變。假如發生改變，請解讀生命之流，擁抱改變帶來的好處。儘管生命的變動帶來不安，我們卻也能從中成長茁壯。遵循你的內在感應和靈魂的指引，找到適合你的地點，相信你在那個地方浮現的感覺，當能量轉變了則瀟灑離開，要知道，下一個適合你的落腳處一定會出現。

尋找適合的住處時，要記得，雖然過程可能漫長，但是也可能馬上就找到。

理想的職場環境和人際關係

另一個在人生中占有重要地位的地點，就是你的職場環境。你在職場中自在嗎？你跟同事相處時自在嗎？你在工作時是否靈感充沛呢？在幫客戶做諮詢的過程中，我發現很多時候人們雖然熱愛自己的工作，但卻不一定喜歡工作的地點。他們喜歡工作帶給他們的機會，讓他們能發揮能力，但卻無法融入同事間的關係。

你可以將解讀他人的技巧應用在職場人際關係，尤其是不要把他人的言行舉止放在心上。只要抱持敞開和心存好奇即可。雖然有時候會忘記，但仍要記得：每個人或多或少都盡力了。只是有一個殘酷的現實，那就是許多人盡力後的成果其實糟糕透頂！但如果你能夠保持冷靜，不將他人的行爲視爲針對你，你就能培養出情緒韌性，不會被周圍的人激怒或吸乾能量。

同樣的，若是你眞的感到格格不入、痛苦不堪，請解讀生命之流，換個新工作吧。跟自己承認「這不適合我」，然後放下它往前走。待在讓你痛苦的地方工作，這件事太不值得了，只會讓你壓力山大、孤獨不已、煩躁不安、競爭內耗。只要你願意，你就能找到更適合你的新地點、新工作。先解讀自己吧。這個地方究竟是哪裡出了問題？也許你不是習慣跟團隊合作的那種人，也許你更適合獨自辦公，一個人完成工作任務。

我指導的一位客戶非常努力要找到新工作。她想要找到能讓她有家的感覺的地方。她寫下了新工作的每一個理想條件，包含她期望的薪資、職務內容，甚至是她期望的職場環境和氣氛：採光好、互相激勵且開明、小團隊、不要太冷漠。九十天內，她找到了這份「完美」的工作。不幸的是，她入職之後發現主管是個超級控制狂，極度沒安全感，還會疑神疑鬼。她做的每一件事、每一個決定、每一次與主管溝通，都像是在暗自較勁、爭奪權力。

「表面上，這份工作光鮮亮麗」，她告訴我：「但這個女的掏空了我的工作熱忱。我怎麼會落到這種境地？明明應該要是適合我的工作，現在一切都變了樣。」

原以爲你來到了理想中的地方，最後卻發現這裡完全不適合自己，這件事比你想的還要常發生。我看過太多類似的事情不斷發生，我自己也遭遇過。我們都會做出自以爲是正確的行動。一旦我們實際行動，或是眞的去到了新的地點，了解到更多層面後，才會發現這裡其實不適合自己。

這樣的現象讓我了解到，我們以爲的錯誤地點可能不是眞的不適合，而是一個「過渡之境」，讓我們暫時駐足其中，以便引導我們最終抵達終點。就像我必須要先成爲空服員，儘管當時我覺得這份工作不適合我，最後卻引領我去到法國，去到了我的靈魂需要抵達之地。

只要知道一件事，如果你發現自己處於過渡之境，裡面一定有什麼體驗能讓我們學習，一定有什麼連結需要我們建立，一定有什麼技能需要我們學習，好讓我們終究能抵達靈魂渴望的落腳處。儘管卡在過渡之境讓你很不愉快，但它仍舊能帶領你抵達靈魂渴望的目標。

我的客戶做了一份不喜歡的工作，不到一年就離職了。但是在那份工作中，她學到許多新技能，跟許多大企業建立人脈，也負責了她從未執行過的專案。她累積了許多寶貴的工作經驗，而當她終於放手說出「我受夠了，我要換工作」時，因爲她的履歷增加了許多亮眼的工作表現，進而幫助她爭取到理想的工作。尋找新工作的過程中，她也學習到不能只被表象吸引。她意識到自己也需要正能量、團隊合作、團隊情誼。耗時三個月，每一天觀想這些理想工作條件，她終於找到了眞正適合自己的工作。她不只有很棒的職場環境，也被列入合夥人的候選名單。

你想要怎樣的職場環境呢？詳細描述下來吧。能量、心情、氣氛、同事之間的互動，甚至是在背景裡的交談對話，都會影響你。每一天去上班時，你想要有什麼樣的體驗？你想要在辦公室上班嗎？你想要在店面上班嗎？你想要在公共空間，如餐廳上班嗎？在機場？在你的汽車內？你想要待在家裡自己接案嗎？

關於理想的職場環境，你描述得越是詳細，你的外在和內在感知就能開始引領你找到好工作。

快速解讀振動頻率

有一個非常實用的技巧，就是快速解讀地點。生命裡總有幾次這樣的經驗，當你剛走進某個地點，突然感覺到「這個地方不適合我，這裡不好」。我知道我自己可以快速判斷某個地點，而且不是只有我會這麼做。多數人都會。這麼做非常有用，能夠幫你省下許多時間與能量。有時候你需要快速知道這個地點適不適合自己。然而，更重要的是，你接收到這個訊息後會怎麼做？

假如你天生就能快速判斷空間的負能量，例如走進或準備要進去某個地點時，請不要無視你的直覺。你的內在感知正在努力保護你。是的，雖然會有點尷尬，但與其繼續待在那個地方，一直被負能量干擾得自己很不舒服，還不如當機立斷，離開現場，被負能量影響的時間還會因此比較短。我建議當你的感知提醒你這個空間的能量有問題時，你要承認這個感覺，並且選擇離開。你不需要解釋原因。當你與這個空間頻率不合，你可能會想要找到合理的證據來解釋自己的感覺。這可能會讓你掉入陷阱，因爲你通常無法立刻找到證據，也可能不會找到。而且因爲你缺乏證據，很有可能就會無視這個感覺，勉強自己留下來。我認爲這根本是瘋了。

假如你感覺這個地方不對勁，請相信自己。不要等到你吃了苦果後才後悔莫及。你不需要理由去證明自己感應到的訊息。你只要總結成一句話就好：「這裡的振動頻率跟我不合。」有這句話就足夠了，而非一定要說服自己或說服別人。也不要讓小我說服你放棄聽從直覺。如果眞的無視直覺，代價可能會很大。

我有位客戶預訂了位於美國佛蒙特州的一個婚宴場地，她非常喜愛那個地點。她只想要辦一場小型婚宴，只邀請二十五位賓客，而那個場地很舒適，可以跟賓客好好互動。一切正如她渴望的那樣，那個場地的方方面面看起來都很完美。但是她告訴我，她總覺得能量上有哪裡怪怪的，好像太過完美了。然而，她沒辦法證明自己的感覺，而且場地費也很合理，地點非常棒，所以她無視了自己的直覺和我的建議，依舊決定要在那裡辦婚宴。時間快轉到婚宴前十天，婚宴會場的戶外小屋發生了廚房大火，燃盡了整個場地。她最後只能在自己的公寓辦婚禮，因爲她沒辦法在那麼短的時間內找到新的場地。

那麼你呢？當你走進一個地點，無論那裡的能量如何，你會跟自己承認嗎？你會留心那個地方的能量嗎？還是只是匆匆走進去，渾然不覺呢？試著檢查你此刻的場所能量：感覺如何？平靜？沉重？明亮？這個地方有讓你想繼續待著嗎？你可能第一次做這個練習，但你的身心反應會告訴你眞相。

快速解讀地點的這個技巧也可以用來選擇餐廳。隨便走進一間餐廳，並篤定自己一定會吃到美食或享受餐廳氛圍，這本身就是很冒險的行爲。很久之前，我就允許自己有離開任何地方的權利，只要我覺得那個地方不對勁。我因為經常旅行，去過幾百間餐廳，但只要我進入餐廳坐下來後，三分鐘內若感覺這裡不好——可能是服務不到位，或是我覺得食物可能不好吃——我不會試圖解釋我的感覺。我會直接說：「不好意思，我臨時有急事，我得先走了。」

不會有人阻止你，你也不會被困在那裡。假如你走進某個地方，你的身心靈都感覺不對勁，跟自己承認這個感覺，然後離開。你沒有義務要留在那個不對勁或是跟你頻率不合的地方。

有些人會排斥這個建議。他們會說：「這樣很沒禮貌。其他人會覺得我是神經病。」我回道：「誰在乎？管他們怎麼想！」

還記得我一開始提到我去墨西哥參加婚禮嗎？在墨西哥的時候，我們全家去了一間當地餐廳吃飯，那間餐廳讓我有**非常強烈**的不適感。我們全家九個人，要找到能坐九個人的桌子並非易事，因此我們當時能選擇的餐廳不多。候位時，這間餐廳讓我有非常不好的感覺，所以我跟其他人說了。我跟大家說：「我覺得這一餐一定會不好吃」，但是沒有人想要聽我的意見。

其他人說：「要去哪找到能讓九個人同桌吃飯的餐廳啊？你想要怎樣？我們不能離開這家餐廳！這是我們最好的選擇了。」的確沒錯。

我回道：「好吧，沒問題，但大家的期待不要太高。」事實證明，那間餐廳真的很難吃，不僅食物都冷掉了，店員也把我們的餐都點錯。那天晚上，整間餐廳的氣氛都不對、很不自在。但由於我有先跟每個人說「期待不要太高」，反而在這樣的情況下，我們還是愉快地吃完了晚餐。

所以當你快速判讀某個地點，只要感覺不對或不適合你，不要否認這個感覺。就算你選擇留下，也請說出你的感覺，至少要在內心跟自己承認：「這個地方不對勁、感覺不對、不安定。這裡不適合我。」

事實上，解讀地點時，「這裡不適合我」是最直接了當的宣告。這句話說明了一切。地點與場所承載了人類的生命經驗，而我們有能力選擇想要哪一種生命經驗。無論是身體、住家、職場還是世界上的任何地方，只要我們覺察自己、清楚明白自己想要哪一種生命經驗，我們的外在感官、右腦、靈魂、內在指引就會共同運作，協助我們去體驗。

相信你的感覺回饋

當你清楚地告訴內在自我，你想要有哪種人生體驗後，你的感官會像雷達一樣啓動，開始引導你找到正確的地點。這一切都回歸到了解自己。只要知道自己在找什麼，解讀地點就不是難事。

第二，你要設定意圖。如果要找到適合你的地點，你就要清楚地聚焦於想要擁有的人生體驗。把它從願望領域中拉出來，變成你的意圖。仔細寫下你想要擁有的人生體驗。這個過程會啓動內在的指引機制，在你與目標之間指出一條明路。

也許你認識一些人，他們能夠很靈敏地找到自己的歸屬之地。他們能住進最理想且價格合理的房子，或者是他們能爲孩子找到理想的學校，又或者能找到每天早上迫不及待去上班的工作。

我們總說這些人很幸運，但這些幸運的人其實非常擅長了解自己想要什麼，擅長解讀人生，並遵循自己感應到的訊息。他們留心注意直覺訊息和感應，並當機立斷有所行動，而非否認感覺、浪費時間、猶豫不決、擔心做錯決定。

二十年前，我曾與另一間出版社合作，我當時對此感到驕傲。那可是大名鼎鼎的老牌出版社。雖然我跟那裡的人沒有任何私交，但是自己的作品能被他們出版，我始終抱持著感激之情。有一天，我在紐約書展遇到一位紳士，他跟我說：「我們想邀請你跟賀氏書屋（Hay House）合作！」那是勵志作家露易斯．賀（Louise Hay）創辦的出版社，當時的規模較小，比較像家庭事業。那是一個爲藝術家和靈性老師打造的家園，我很熟悉。他們問我是否願意跳槽到他們出版社，這可是個很大的冒險。我回覆道：「我需要想想。」當時，賀氏書屋不像我那時合作的出版社那麼有名氣，所以對我來說，這是一個很重大的人生決定。

每一個認識我的人都勸我「別去」。即便是我當時的丈夫也建議我不要。「你已經跟一間知名出版社合作了，爲什麼要換？這是一間小眾的獨立出版社。你不知道簽約了之後會變得如何，肯定是走下坡啊。」

由於這是個非常重要的決定，我請求靈魂指引我，給予我徵兆。我的內在每一個聲音都告訴我要改跟這間較小的出版社合作，但是我想要有更多的徵兆或確認，才能知道換出版社對我有幫助（如果你正面臨重大抉擇，也可以這麼做）。我請賀氏書屋給我三個月的時間好好考慮。在這三個月內，我去了法國南部度假，拜訪了幾位朋友，他們在蔚藍海岸的知名小鎮芒通外的山坡上經營一間小旅館。

有一天晚上，我苦思不已，不知道該怎麼做比較好。我心裡清楚，我已經搭錯了車——目前這間出版社不再適合我。我知道像之前一樣苦思推敲並不能找到答案，也無法讓我精準地解讀情勢或做出最佳決策。所以，我舉起了雙手大喊：「我需要徵兆。高我、宇宙，請給我徵兆吧！所有的神聖能量，幫助我活出最美好的人生吧！讓我清楚知道我該怎麼做。」接著我進入夢鄉。

隔天早晨，我起得特別早。那是黎明時分，差不多清晨五點十五分。我的房間有一大片窗戶，有著可以往外推的百葉窗。我坐在床上，望向窗外，注意到有一隻白鴿朝我的方向飛來。我看得入迷，盯著白鴿看了約莫一分鐘。白鴿離我越來越近、越來越近，下一秒，牠直接飛過窗戶，撞上我的頭後自己暈倒了！這太瘋狂了。就這樣，一隻白鴿癱在地板上，我還得幫助牠從窗戶飛出去。我知道這不是意外。這是指引我要做出改變的徵兆。所以我做了，而我從未後悔這個選擇。

假如你反覆思索某件事情而你毫無頭緒，那麼你應該做的是先放輕鬆。接著，坐下來好好安定自己的身心。然後，拿出紙筆，寫下這個事件或抉擇的每一項優缺點。寫完之後就先放在一邊。最後，請求你的高我指引你方向，讓你做出符合自身至善的決定。請求完指引後，就放下這些念頭，出去散步、走一走。以這種方式將能量聚焦於身體和當下，而非一直無謂地煩惱、焦慮。如此，你每一次要做決策時，都能自然而然被引導至正確的地點。只要你拋開限制你的東西，你一定能找到適合自己的地點。讓我們丟開那些負累，不要囤積垃圾。不要過度依賴和執著已明顯不適合你或你不喜歡的事物。假如某件事物讓你有不好的感受，那麼你就該選擇離開。大步往前走。放下這些負累往前走之後，更輕盈的能量也會簇擁著你抵達靈魂渴望的目的地。

能量連結

既然你已經知道解讀地點的一些基本方法，現在讓我們進行具體的練習，幫助你找到適合你的地點。

這個技巧會帶你建立能量連結，讓你與適合的地點跟異極磁鐵一樣互相吸引，無論那個地點是新家、度假地點還是職場。開始前，先打造純淨且神聖的場域。留心觀察你目前所在的空間，接著輕柔地閉上雙眼。深深吸一口氣，吐氣時緩慢地收縮腹部，讓腹部往脊椎靠近。吐氣時，在心中釋放所有殘存於能量場、身體、大腦和情緒中的一切，讓自己散發的振動頻率變得純淨。純淨的振動頻率會更容易連結到你要吸引的地點。安住在純淨的神聖場域裡後，精確地觀想你尋找的地點。清晰且明確地觀想它，盡可能想像所有的細節。想像光線、氣氛、感覺、情緒、周圍的聲音等等。

舉例來說，想像那個地點的主要顏色。是綠色嗎？是中性色嗎？是明亮的顏色嗎？想像那個地方的氛圍和能量。觀想那個地方散發的質感。有酷炫的落地窗嗎？是茅草屋嗎？是潮濕的熱帶花園嗎？發揮創意，也聚焦於能量上的細節，例如那個地方的氛圍、振動、感覺。我知道這並非描述地點的常見方式，但請試試看。這個方式很神奇，能夠讓你快速連結尋找的地點。運用所有的感官，觀想你待在想要落腳的家園。感覺自己走進那個房子的前門，感受戶外的氛圍。觀想自己坐下來，把那裡當成自己的家，泡一杯茶，整理庭院，在開放式門廊招待三五好友，跟鄰居聊天，去戶外鄰近地區散步，或是在屋內探索每一個房間。

如果你要找新的工作環境，那麼想像自己很期待能在那裡工作。這個空間的裝潢怎樣？是有創意的藝術風格，還是典型的企業內部風格？想像自己受到熱烈歡迎，加入公司的團隊。想像你愜意地在這個空間裡到處閒晃。運用內在感知，想像空間的光線、氣味、周遭的聲音、你的辦公桌。例如，如果你想要在辦公室裡上班，想像自己聽到電話鈴聲響起，有一大片落地窗可以眺望城市景色，聞到茶水間的咖啡香，感覺自己坐著的椅子。

花個五到十分鐘仔細觀想你在找的地點。觀想的過程中，運用想像力把空間內部的裝潢換成你喜歡的顏色，布置你喜歡的家具，甚至放上你喜歡的香氛。觀想這個空間時，想像自己看著電影銀幕，銀幕上播放連續不斷的影像，以平和的速度放映你渴望的地點。

舉例來說，假如你想要找到新家，你會在眼前的銀幕中看到自己坐在客廳的椅子上。假如你想要找到理想中的美好度假地點，你會在銀幕上看見自己漫步在海灘享受夕陽，在山上滑雪，或是在商店街購物。無論銀幕播放什麼畫面，都欣然接受這個帶給你美滿幸福的地點。

幾分鐘之後，將意識帶回身體。用鼻子做一個深呼吸，搓揉你的雙手，緩緩地將雙手分開，掌心相對，感受掌心之間來回流動的能量。接著，將手掌覆蓋於雙眼，深吸一口氣。最後，吐氣時將雙手放到大腿上，輕柔地睜開雙眼。

這個練習能夠建立能量連結，吸引你渴望的地點。每一天都花個幾分鐘做這個觀想，每一次都觀想新的細節。接著，做完練習後照常過生活，觀察自己是否突然被某個方向吸引，覺察內在那股心血來潮的衝動、渴望、突然想要往某個地方過去的感覺。這些感覺和感應都是你的感知力在指引你。

例如，幾年前有位客戶跟我學了這個技巧後，突然打電話給我。她說：「我跟老公最近都在找投資的房子，打算出租出去，我們已經找了好幾個月。我突然想起這個技巧，所以我跟老公一起做了練習，希望能找到理想中的房子。幾天前，我們正要去朋友家慶生，我突然有股強烈的感覺要我們開車走另一條路。我們跟著直覺走，到了一個轉角轉彎，發現有一間開放看房的屋子，那個社區很漂亮。我老公就說：『你在幹麼？我們快要來不及去慶生了！』但我知道我的靈魂和感知力回應了我們的觀想，所以帶我們來到這裡，於是我說：『幾分鐘而已，我們進去看看就好，看看我們喜不喜歡。』」她笑了笑後又說：「他很了解我，所以他聳了聳肩後同意了，跟我說：『好吧，但我們會遲到，不過可以去看看啦。』當我們一走進大門，我們都知道這就是我們在找的房子，所以當天就出價了，六天之後我們就買到了那間房子。」

無論你要尋找住家或其他地點，只要是尋找新的地點，都一定要有清晰且明確的意圖。將你的意圖寫下來，每一天都重新審視你的意圖，自行增改。心中要清楚知道一定會有一個地點在等著你。當你的意圖越精確、具體，你的感知力就會迅速引導你找到它。

我有位客戶之前花了好幾個月觀想適合退休的地方，剎那間她突然意識到，她觀想中出現的地點在國外，而不是在她當時居住的美國境內。她說：「我突然頓悟到自己不想要繼續住在德州了。我想要住在墨西哥的聖米格爾德阿連德，我幾年前有去過那裡旅遊。我整個恍然大悟。我從來沒有想過要移居或外派，但是這個感覺很對，我會去看看。」

她後來飛去了聖米格爾德阿連德，看了幾間當地的房子，找到了一間很棒的公寓，也符合她的預算，所以她搬過去了。現在，她已經在墨西哥待了好幾年，她愛死現在的生活了。

一定要記得，當理想中的地點出現時，可能會伴隨著左腦還未準備好接受的選項，因爲你的日常規律、生活習慣和對外展現的模樣可能都必須跟著改變。你不需要立刻對任何事說「好」，但是你要留心靈魂給的徵兆，才能在時機來臨時遵循指引。

另一個找到適合地點的絕佳方法就是伸展，也就是盡可能地伸展肢體。可以做瑜伽、打太極拳或是在早晨伸展身體。這些練習會促進身體更靈活，讓情緒更流動，這也是你在開啓人生新篇章時的必須要素。搬遷到正確的地點往往需要隨機應變的能力，而這也恰好需要身體的靈活性。

能量檢查

現在，我要介紹另一項技巧，叫做能量檢查，幫助你找到最能夠滋養你身心的地點。一樣，我要你回到純淨的神聖場域裡。把這個步驟視爲初始模式，幫助你在任何情況下都可以精準解讀人生。

做一個深呼吸，吐氣時釋放所有雜念。接著，選擇一個所在地附近的地方，想像你自己在掃描那個地點，如同遙視，這意味著你不需要真的出現在那裡。你可以掃描任何地點，例如你住的空間、職場環境、你常去的地方。按部就班地掃描，彷彿你去到那裡用掃描儀器慢慢掃描一樣。從左邊開始往右邊掃描，留心感覺並開口詢問自己：「我有任何緊繃、不悅、壓力或收縮的感覺嗎？這個地方的能量有正面、敞開、擴展、歡迎的感覺嗎？還是沒有呢？」

由左至右掃描完後，用你的內在之眼，從前方掃描到後方、從天花板掃描到地板。如果有地下室，也掃描地下室的能量。這個空間有讓你感覺到阻力嗎？有讓你厭惡或不舒服的能量嗎？從地板到天花板來回掃描，反覆掃描，直到你把整個空間都檢查過了。

如果內心突然有一股感覺要你暫停、停下來，請做一個深呼吸，觀察你的感覺。如果你不知道或無法描述你感應到的是什麼，就說：「我有了某種感覺」，這會幫助你釐清。一定要大聲說出這句話：「當我從左邊掃描到右邊時，我有了某種感覺。當我從前面掃描到後面時，我有了某種感覺。當我從上方掃描到下方時，我有了某種感覺。」

接著，描述那個感覺。那是正面的感覺還是警告？又或者是跟你不對頻的負面感覺？要知道，無論你感覺到什麼，那個感覺就是一個訊號。這個訊號在提醒你，這個訊號在事先警告你。你的注意力被帶往某種感覺，但你可以決定要不要承認它。

只要你開始承認這些微弱的能量感覺，解讀地點的能力就會快速提升。我的一位客戶跟我說，她之前入住了南卡羅來納州一間很美的飯店，但當她走進房間時，她突然不喜歡這個房間散發的感覺。所以她做了能量掃描，從上到下、從左至右，她感應到的是「屍體」，這對她來說可不妙。

她打電話到前台，說道：「不好意思，這間房間很棒，但不適合我。我可以換一間房間嗎？」前台很樂意協助，但是要她先回到大廳等候換房。當她到櫃檯時，她說：「那個房間怪怪的，我不想住在那間房。可能是我太敏感了啦。」

櫃檯的一位員工很顯然是剛入職的菜鳥，突然脫口而出：「可能你感覺到了兩天前死在那間房裡的女士」，這句話嚇壞了我的客戶。

我的客戶疑惑道：「什麼意思？」

員工回道：「我不應該說的，但她是在睡夢中過世的。」

我的客戶才馬上意識到自己剛剛感應到的是死亡的能量。她很慶幸自己換了新房間。

當你身心混亂時

不要在情緒混亂或心理失衡的情況下，尋找理想的地點。花時間先讓自己平靜下來，再去連結你想要的人生體驗。

那時，我正經歷離婚和家人相繼過世的痛苦，如果要當時的我去觀想新的落腳處，實在是難上加難。但是我知道，我只想要一處身心靈的庇護所。我想要寧靜，我想要可以甩上大門，遠離外面的世界。這個渴望引領我找到了我目前在巴黎居住的公寓。這棟大樓是辦公大樓，除了管理員之外，只有我一位住戶。所以下午五點之後，這是我住過最安靜的大樓了，而我也不是一個人。管理員和她先生住在一樓，所以我知道有人會關注著我的動靜，但當我關門之後，我的家就散發出療癒、平靜的能量。這並不是需要我「埋頭苦思」出來的答案，而是只要清楚知道我想要感覺到什麼能量而已。因爲在當時，我也無法感應出自己想要待在哪裡。僅是這樣，就能幫助我找到棲身之地了。

如果你正經歷情緒風暴，你可以先試著寫下你的每一個恐懼和不爽，清空情緒垃圾，再專注尋找你的下一個落腳處。像是：「我很生氣、感到不安。我很憂慮。我沒辦法專注當下。過去發生的事依然困擾著我，但這個是我想要擁有的人生體驗。」接著，列出你想要擁有的人生體驗。此時，你的內在感知和外在感官會介入來引導你。

總之，隨機應變、靈活彈性，擴展你的接受度，迎接你尋找的人生體驗和地點。假如你走進一間餐廳而你有不對勁的感覺，就果斷離開；如果你走進一間百貨公司或商店，你覺得怪怪的，就果斷離開。假設你一定要找一個離開的理由，一定得跟別人解釋，就說：「不好意思，我臨時有事要處理。」反之，如果你突然覺得自己想要轉個彎、停下來、去看看新的地方、去不在計畫中的地方，也請照做。

如之前提到的，在解讀人生時，你常常會需要迅速反應，因爲解讀人生就像在能量汪洋裡衝浪。機會隨時都會出現，如果你無法及時把握，你就會錯過它。尋找地點需要付出努力，靜下心來沉思，發揮創意和想像力。讓自己歸於中心，進入你的喘息之屋，盡可能地聚焦意圖。確認好你想要的到底是什麼，請求你的感官系統指引你。

設定意圖，透過遙視，觀想你想要的人生體驗。假如你心中已經有某個地點，就掃描那個地方。請求靈魂和宇宙指引你。假如你心有懷疑，擔憂自己找不到，請出門走走，讓體內飆升的腎上腺素平靜下來，讓身心安定下來。把你所有的不滿和情緒寫下來，接著聚焦於你想要的人生體驗。允許自己改變信念，如同生命瞬息萬變。這也是我的生活方式。假如你的感知力告訴你要轉換方向，就不要固守「堅持到底、絕不轉彎」的規則。解讀人生乃是一則邀請函，邀請你改變方向、做出新的決定，隨機應變、不墨守固定計畫，因爲新的訊息會自己浮現。所以，讓這個觀念變成你的新信念吧！

第16章 解讀人生，安時處順

讓內在的指南針指引你

如我在本書中分享的觀念，解讀人生是一種要隨機應變的精密能力，也是我們天生就具備的能力。解讀人生是活在當下、踏實安定、洞察訊息，並覺察這個世界的精微力量；解讀人生是傾聽、尋找、感知、觸碰、品嚐，並感應每一個跡象、徵兆、線索、衝動、直覺、頓悟和振動，重視這些訊息，判斷真實的狀況。哎呀！這聽起來有點複雜，但是我們都天生具備這樣的覺察能力。在我們決定「我想要」的當下，這個能力就會啓動，開始指引我們。就是這麼簡單。

實際上，人類是如奇蹟般且具有獨立意識的存有。解讀人生是我們的天賦本能之一。我們得用盡全力才能將生命拒之門外、麻痹所有感知、無視內心預兆，因爲這跟我們的本能背道而馳。選擇性覺察是一種選擇。即便外在五感無法正常運作，內在感知也會替補上來，更大力地傳遞訊息讓我們知道。事實上，若是外在五感越弱，內在感知力就越強。我的母親是聽障，但她能夠清楚聽見生命的振動頻率。我小時候的視力不好，但是我可以清楚「看見」事情的走向，如同我能清晰看見我的鼻子一樣。

我有一位朋友名叫莎拉，她最近跟我說自從前幾年感染了新冠肺炎病毒，她就失去了味覺，到現在還沒有完全恢復。但是她說，她如今對吃下肚的東西更有覺察力了。在食物放入口中之前，她就能直覺地感知到食物的能量。「我不再跟之前一樣狼吞虎嚥了。我會注意觀察自己是否能品嚐到食物的味道，也會留心眼前的食物能不能滋養我。雖然我的味覺受損，但我更加覺察進入我口中的食物了。」這是很自然的一件事。爲了生存，我們都需要解讀人生。

受到威脅時，我們會提高警覺。我們的確會讀空氣、預判未來，甚至讀懂話裡話外的訊息，但我們卻常常否認直覺，假裝我們沒有收到訊息的通知信。我無法告訴你我有多常聽到人們跟我說，他們在事情變得糟糕之前，早就隱約有不好的預感了。舉例來說，他們知道這個人不可信任，或是知道不可以花心思在某人或某件事身上，因爲他們察覺到能量不對勁。他們事先就有某種感應，感覺到需要變換方向、抽身離開或是奮力一搏，卻沒有留心注意那些訊息，導致現在後悔莫及。

就在上週，我有一位客戶才跟我哀嘆，他最好的朋友在幾年前有建議他投資加密貨幣，說他覺得這一定會大漲，但是我的客戶拒絕了邀請，認爲這只是很快就會衰退的趨勢。讓我們快轉時間線，當初那位投資加密貨幣的朋友賺了盆滿鉢滿，而我的客戶當時只做了一件事：告訴他的朋友，你在浪費錢。

解讀人生是一種選擇，但試想一下，不解讀人生也是一種選擇。好笑的是，比起解讀人生並覺察眞實的情況，選擇不去解讀人生還要更耗盡心力。如果我們本應解讀人生卻沒有發揮該有的感知力，多半是因爲我們自己決定不要。我們選擇與生活脫節；我們選擇不去留心關注；我們選擇將自身的力量交給他人並否認眞相；我們選擇無視能量警訊，對事情的預兆視而不見，像鴕鳥般無視可以保護我們身心安定的直覺警告。我們可能沒意識到自己做了這個選擇，因爲我們從未覺察自我；又或者，我們可能不相信自己有能力做出不同的抉擇。然而，若是我們想過上最美好的生活，就得解讀人生。

我們會出於許多原因而選擇不去解讀人生，但是最主要的原因是，我們內心默默希望他人或生命會照料我們，而非要我們承擔起自身人生的責任。另外，讓我們坦誠面對一件事：我們通常不喜歡呈現在眼前的眞相。往往，生命所傳遞的訊息會先讓我們惱怒、失望、不安——至少一開始是這樣。但正是這些訊息在保護著我們。這些訊息往往會要求我們打破現況、改變計畫、結束不健康的人際關係、辭掉糟糕的工作、即時停損，並往截然不同的方向前進。這些改變都需要付出極大的努力，而且努力的過程中一定會不舒服並感到不安。因此，我們寧願對眼前的錯誤、糟糕的決定、選錯人的事實視而不見，卻不願意改變方向。但是，這種否認只能帶來短暫的麻痹效果。我們執著的每個錯誤決定、錯誤方向、錯誤的關係、錯誤的行爲，最終都會反噬到我們身上。這絕對會發生。

解讀人生意味著在錯誤剛萌芽、還可以逆轉時，我們就能事先接收提醒。然而，我們越是忽略眼前的眞相，越是忽略不適合我們的人事物，到最後就越難以修正人生軌跡，心裡就會越痛苦。解讀人生能打破幻想，但這也會讓我們心情沮喪，因爲我們不想要面對眞相。我們不願相信生命是危險的，我們不願相信會被人心操弄，我們選擇的道路會危害我們的安全；我們不願以小人之心對待他人。我們想要相信一切都會順利，因爲這樣最簡單，不用改變自己。多數時候，我們害怕失望，也不想要生活節奏被打亂，所以才會不願意正視眞相。然而，否認並不能改變什麼，也無法保護你。最終，我們都得解讀人生本來的樣貌，而非我們想要的假象。我們內心都深知這點。

一旦我們選擇精準地解讀人生，帶著敞開的心胸與開放的心念，我們就能自然而然地提升頻率，引領我們走向隱藏的機運，擁有深刻又美好的關係，啓迪我們發揮天賦，促使我們開啓豐盛又無限的可能性。我們茁壯成長、順流而活、連結彼此，也會發現自己變成那個幸運的人。

我們大部分人從小已經習慣無視感應到的訊息，我們被告知能量不存在，不要說出真相，不要點明眼前的錯誤。但我們已不是小孩，而我們需要拋棄這些觀念了。因爲這些聲音會削弱我們的力量、誤導我們，讓我們痛苦不堪，剝奪無限的可能性。我們不能再這樣下去，還妄想自己能夠活出精采人生。假設我們在人生的鐵達尼號上，就需要利用解讀人生的能力，搭上救生艇。船都要翻了還繼續跳舞，是很荒唐又愚蠢的事。

反之，你應該用天生就具備且精密的感知力當作指南針，確認你當下的地點，確認你想去的地點。讓這內在的指南針指引你，在正確的時間遇見正確的人，抵達正確的地點，讓你可以活出安全又成功的人生，避開或遠離錯誤的人事物。

你本來就能解讀人生。覺察你的人生、遵從生命秩序，喚醒內在那擁有安全、成功人生的渴望。解讀人生是要你清楚明瞭自己想要什麼，在追尋的過程中堅持不懈、大膽感知、隨機應變。一旦你選擇以解讀人生來創造美好的生活，一切都會隨著時間奇蹟般地水到渠成。

別讓習慣邏輯分析的左腦干擾你的靈魂。覺察自己是否與當下脫節，覺察自己是否試著掌控一切。將邏輯視爲你的好友，利用它搜集有助於你的眞相。內在指引若要能有效運作，前提是有確切的眞相。但是要知道，邏輯不能也無法理解生命的全貌。然而，你的靈魂、內在感知可以，因爲它們能感應到生命之流中的能量、振動頻率，給予你選擇去回應生命帶給你的訊息。你要做的就是發自內心地「想要」。

能夠準確解讀人生的人都是勇者，勇於做出那些逃避未知者認爲的冒險決定。想想《哈利波特》系列作者J. K.羅琳。她拿著第一本書投了好幾間出版社，每一間出版社都拒絕此提案，認爲出版這本書的風險太大了。這超出了他們熟悉的範圍，不是他們會有共鳴的選擇。你能夠想像這些出版社此刻的感受嗎？他們拒絕了有史以來最轟動的出版業奇蹟。也想想答應出版的那個人（或團隊）！那間倫敦的小出版社答應幫她出版第一集：「這本書應該會熱賣。我們來出版這本書吧。我們試試看。」他們出版了第一集試試水溫，結果一夕之間，羅琳就成了家喻戶曉的成功作家，超乎出版業預料。

能夠準確解讀人生的人，不怕做出違反常規的決定，不會跟多數人一樣傾向待在舒適圈，不會害怕改變或冒險。他們擁抱新的事物。他們拒絕打安全牌。他們活出真實的自己。他們願意擁抱冒險的結果，並遵從內心和直覺的聲音：「我覺得這個適合現在的我。」

我的老師教過我，若是要解讀人生，你必須做你自己，遵從你的內在道路，而不是盲目地依循他人的路，也不要將自身的力量交給任何人。解讀人生是同時運作右腦和左腦、頭腦和心靈，聽從你的靈魂指引，回應靈魂的召喚而做出新的改變，做出除了說出「我覺得這樣做是對的，這樣適合我」之外，你也無法解釋原因的選擇，並且在不斷學習和成長的生命旅程中，對自己誠實。這需要勇氣、靈活、敞開、覺察、充滿內在力量的心智。解讀人生會讓你在生命的每一個片刻去尋找機會、把握機會。這是人生最好的活法。

徜徉於生命之流

高中的時候，我應徵了辦公室的工作。但是當我一走進大門，跟面試我的那位女士聊過後，我的內心清楚這份工作不會太好。然而，我還是答應去上班了，因爲我還是個青少女，太想要賺錢買新衣服了。不過，我依然有種微妙的感覺，這位女士好像不怎麼……健康？「健康」一詞對當時是青少女的我來說太難以理解了，但我能夠感覺到她整個人不太穩，搖搖晃晃，很不對勁。

那份工作我做了兩個月後才意識到，她每天都會不斷從辦公桌的抽屜拿出一瓶保溫瓶，大口喝著威士忌，不到中午她就酩酊大醉了。我們家並沒有喝那麼多酒的習慣，所以我不知道該怎麼看待這件事。但我知道我需要觀察她，並了解到世界上也有這樣的人。來到這裡工作並非錯誤，而是生命給我的教導。

當你開始解讀人生，你會從每個事件當中學習，了解到其中也有要教導你的東西，而你能從其中淬鍊出生命的智慧。當你解讀生命之流時，你會意識到無論你在哪裡、身旁有誰、正在做什麼，其中都有意義。也許這是暫時的歷程，也許是能讓你從中學習的磨難。以我的案例來說，這份工作讓我了解到什麼是酗酒和成癮。我從未遇過酗酒的人，而這個經驗幫助了我日後的通靈工作。這能幫助我發現對方是否神智不清。學到了這份人生課題後，我就辭職並繼續過我的生活了。

那也是解讀生命之流的另一個重要環節。事件會流轉變化，你會成長茁壯，你也會因此在生命的浪潮裡來去自如，不會陷入困境，不會執著於不適合你的一切人事物。即便這些新的思維跟你習以爲常的觀念有所不同，也還是請你解讀人生吧！解讀人生會讓你不再浪費時間，不再失落挫敗，並會爲你的人生帶來美好的驚喜與祝福。

我有位客戶有一次從紐約搭乘頭等艙到洛杉磯，她在機上戴著耳機和眼罩，全然沉浸在自己的世界裡，不想要跟任何人交流，因爲她的生活和事業讓她身心緊繃。航程六個小時，大約過了兩個半小時，她突然有一股衝動，想要坐起身跟這個世界互動，想要跟身旁的乘客打招呼。這太不像她的個性了，所以她在內心跟自己搏鬥了二十分鐘：「我才不要！我明明可以閉著眼睛享受這整趟航程。」然而，這個念頭始終盤旋在她的腦海裡。雖然她沒睜開眼睛看過旁邊坐了誰，但她還是感應了旁邊乘客的能量。她不知道旁邊是男性還是女性，因爲她一上飛機就戴上耳機和眼罩了。最後，她還是向內在的衝動妥協了：「好吧，何樂而不爲呢？我會把耳機和眼罩拿掉。我會伸展一下身體，看看左右兩旁。如果感覺對了，我就主動聊聊吧。」

她照做了。讓她驚訝的是，坐在她旁邊的乘客是位優雅的紳士，也很樂意聊天。他說：「歡迎回到現實世界！」因爲這句話，他們兩人打開了話匣子，從生活大小事聊到了事業。他是國際律師，也很熟悉她從事的進口貿易領域，所以兩個人有很多共通點。航程的最後，兩人之間顯然有某種連結，她感覺自己一定要繼續跟他聯繫。雖然這個舉動一點也不像是她會做的事，她解讀出了兩人的關係發展，主動跟對方說：「我想要給你我的電話號碼，讓我們保持聯繫吧。雖然我們住在不同城市，但我眞的很享受今天跟你聊天。我不知道這樣做好不好，但也許我們可以繼續當朋友。」

他很開心地跟她交換了電話號碼，兩人也開始了遠距離的聯繫。兩年之後，他們共結連理了。雖然雙方依舊住在不同地點，但是他們在紐約和洛杉磯各買了一間公寓，兩人都很享受這種雙城的遠距離婚姻。能走到這一步，都是因爲她解讀了當下的訊息並選擇照做。

建立深刻且改變人生的靈魂連結，無論是浪漫關係、事業合作或友情，乃是準確解讀人生後能帶給你的最美好、最常見的好處。你也能接收到足夠的訊息，從而更好地判斷和做決定。指引和洞見會在你最不期不待的時候出現。你會感覺到它。你會感應到它。生命會以各種方式指引我們，透過肢體語言、細微的動作、聲音和徵兆跟我們對話，有時候是只以耳鳴或沉重的感覺來提醒你。但如若你留心觀察，那麼呈現在你面前的表象，甚至是隱藏起來的訊息，都有顯而易見的能量訊息。只要你留心注意，解讀人生就會變得跟閱讀牆壁上的字句一樣容易。關鍵在於，你要渴望解讀出現的徵兆、能量和線索，而非選擇無視、逃避、轉頭就走，待在可預測的舒適圈裡。

準確解讀人生的過程中，你必須誠實回應生命呈現給你的眞實樣貌，尤其是當某件事的發展跟你預期中不一樣的時候。你要爲自己的人生掌舵，而非依循他人的腳步。解讀人生時，你是在下定決心告訴自己：「我決定聽從這個指引，因爲我覺得這是對的。我不需要說服任何人。我只需要爲自己挺身而出，就算其他人質疑我的智慧也無所謂。我會放膽一搏。我要做的事情雖然可能遭致他人的批評，但無所謂，因爲我知道最適合我的是什麼。」

以我的經驗來說，你必須做好準備，因爲一定會遭受質疑！人們喜歡可預測的事情，不喜歡生活被打亂。他們不喜歡未知，因爲未知太可怕了。但是能夠解讀人生的人會擁抱未知，歡迎未知，因爲他們相信生命終究會有最好的安排。

更新你的信念

如果你想要成爲厲害的「人生解讀者」，一定要信任自己看見、感應、聞到、品嚐、觀察和感覺到的訊息。

爲了徜徉於生命之流並準確解讀人生，你必須建立不同於以往的信念。誠實面對眞實的自我，而非活出小我的幻象。解讀人生是聆聽並活出你的靈魂本質。你的外在自我和小我是助理，你的靈魂才是老闆。遵從你感覺到的訊息——不需要跟自己解釋，不需要認同，不需要證據。

我的學生裡大約有85%的人學會了解讀人生，但後來當他們眞的得根據看見的預兆、言外之意、讀到的空氣而行事時，又會停頓、遲疑，甚至拒絕面對而陷入過往的恐懼裡。「我要怎麼知道自己這麼做會是安全的？我要怎麼知道這樣做會成功？我要怎麼確定？」

這些聲音都是小我因爲害怕受傷而浮現的抗拒。事實上，答案只有一個：你不知道。你無法摸索出來，你也無法事先知道結果，但你可以**感覺到**它。

我可以很篤定地問你一句話：假如你**沒有**遵從你感應到的訊息呢？那感覺對嗎？假如你**眞的**待在可預期的舒適圈呢？假如你將浮現的洞見都拒之門外呢？假如你無視內在指引呢？假如你忽略周遭的徵兆呢？這會讓你覺得更安全和更安心嗎？可能不會。所以，話都說到這裡了，請扭轉自己的信念，讓自己成爲能充分掌握資訊、富有內在力量的人吧！

你腦海中的舊有信念是：「我是害怕受傷的小我，我必須掌控一切。」然而，你要賦予自己新的信念：「我是神聖的靈魂，外在與內在感知合作無間，隨時指引著我，爲我帶來最好的結果。無論是我當下的狀態，還是渴望去的目標，不論是我目前的人生，還是我渴望的未來，我都能解讀所有的徵兆、跡象、預兆。」

解讀人生就是信任靈魂和宇宙，信任它們能指引你活出美好生活。只要平息大腦的雜念，積極聆聽、冥想沉思、打造喘息之屋，你的靈魂和所有的神聖幫手都會隨時隨地指引你。

解讀人生是每一天都敞開自己迎接美好且嶄新的事物。

耐心等待

善於解讀人生的人能夠隨機應變，卻從不魯莽行事。他們會**感覺**到能量，順著能量之流而走。他們就像是衝浪者，能夠讀懂能量的細緻變化，並意識到能量就如同浪潮、天氣般瞬息萬變。

這讓我想提及解讀人生的另一個關鍵。有時候，你解讀到的訊息不會明確指示你該前進還是該轉身離開；而有時候，它在告訴你要暫停一下。假如做決定和下結論的時機還沒到，你就會收到這樣的訊息。例如，你可能會感應到這些訊息：「等等，還會有更多訊息浮現、更多徵兆出現、更多事情會揭曉。」只要你願意等待，你就能在全盤了解的情況下做出更好的決定。

我有位客戶想要賣掉他的公司然後退休。他經營好幾家餐廳，但是他累了，不想做了。然而，每次他打算打電話給經紀人請他來談的時候，卻總是遲遲無法按下通話鍵。他就是無法這麼做。他的內心一直有個聲音告訴他：「還沒，時機未到。」

幸好，他聽從了內心的聲音，選擇等待。他等了三年之久，他的連鎖餐廳瞬間爆紅。他的餐廳不只是經營得好而已，而是超乎想像地成功。所以，當他終於再次感覺可以賣掉事業後，他賣出的價格比當年還要多三倍。

因此要記住，當你在解讀人生時，接收到的答案不會是非黑即白的訊息，也不是純粹的紅燈或綠燈兩種選擇而已。你也可能會收到模糊的訊息，或是叫你慢下來的黃燈。這才是生命運行的方式。

最近我也處在緩下來的階段。如你所知，我會一段時間住在巴黎，一段時間住在倫敦。我的小我想要從此安頓在某個地方就好，但當我每一次要做決定的時候，我就會接收到直覺的指引，告訴我要等等。有時候，我的內在指引會說：「等一下，你還會收到其他訊息，先別急著做決定。現在還不是時候。」這不是我的小我想要聽到的指引，但卻是我內心相信的指引。

「等待」並不是西方社會常見的主流觀念。西方社會講求即時滿足和迅速可得的結果。「等待」往往不被視爲一種充滿力量的選擇。但總是會有某些時刻你必須等待，而等待是你能做的最有力量的選擇。

假如你正企圖強迫自己做決定，或是勉強摸索出答案卻毫無頭緒，請等待。寫下你的恐懼。進入你的喘息之屋，跟自己承認你目前感受到的一切。盡可能列出那些讓你不自在的感覺。「我現在內心不安。我現在覺得頭腦很亂。我感覺到有什麼在變化。我感覺到有什麼在拖住我。我必須準備好隨時離開。」接著，耐心等待，直到你收到清楚的提示訊息。

化繁爲簡也能幫助你更好地解讀人生。你身上背負的重擔越少，就越能夠解讀生命之流的細微變化。我已經拋棄了許多負擔，準備迎接變化，儘管我不確定來臨的變化會是什麼。

化繁爲簡也是你處於等待階段時能做的事情。

如同在非捕魚季時修復魚網的漁民。即使現在不是捕魚的季節，你總是有可以做的事情，幫助你準備好迎接生命的下一個階段。緩下來，安靜下來，向內探尋，詢問自己的靈魂：「我可以做什麼?」運用你的外在感官，觀察周圍。假如改變無可避免，但你還不知道那到底是什麼；假如你試著找到人生使命，但你仍沒有頭緒，那麼就請執行清空垃圾的流程吧。這是非常好的準備工作。清理掉對你的人生不適用的一切。承認它、辨認它、釋放它。如此，當改變的時機來臨時，你才能輕裝上路。

當機立斷的重要性

雖然在解讀人生時，你可能會接收到要你停下腳步的訊息，但有時候你只有片刻的剎那可以反應，當下就得決定是要上車還是下車，是要投入還是抽身。

我有兩位客戶，他們是一對夫妻。妻子懷孕中，他們都非常期待小孩出生。他們不只參加了產前課程，還打包好了待產包，甚至開車去醫院好幾次，只爲了彩排路線，因爲他們住在郊區，離醫院較遠，所以想要掌握生產那天去醫院的時間。做了這一切讓他們覺得自己準備好了，也知道臨盆那天應該要做什麼。他們事先做好了所有準備，這也是他們期望的。他們很肯定臨盆當天一定會很順利。

然而，當那天早晨妻子開始陣痛，根據產前課程學到的知識，她認爲陣痛還會再持續一段時間。所以她很悠哉地準備要去醫院，但是突然之間，她從輕微的陣痛，轉變爲強烈的「寶寶要出生了！」的那種陣痛。

他們抓了待產包後立刻上車，丈夫飆速趕往醫院。但就在他準備按照彩排的路線開上高速公路時，他突然靈光一閃，沒有任何原因，他選擇不走高速公路。他駛離通往匝道的車道，徑直走了一條路程較長的路線。他的妻子很生氣。「你在做什麼？天啊，寶寶要出來了！」

他一邊保持冷靜，一邊說著：「我不知道，我也不知道。」他只能專心開著車，終於抵達了醫院，雖然路程比原先預計的路線多了十五分鐘。醫護人員迅速把妻子推進醫院，而她一抵達急診室，不到五分鐘，孩子就出生了。

當天晚上，妻子被安排進產後恢復室休息後，問了他：「你是腦袋撞到嗎？爲什麼不走高速公路來醫院？」

但正如他早上說的，「我不知道」。照顧妻子的護理師聽到後問道：「哪條高速公路？」他說了是哪一條高速公路後，護理師說：「我今天早上才走那一條高速公路，路上有車禍，整整塞了一個小時。幸好你沒有走那一條，不然你們就得在車裡生小孩了。」

這對夫妻嚇傻了，但丈夫說：「謝謝你！我就知道那條高速公路怪怪的。我看到匝道的車流時，就覺得跟平常不太一樣，所以很快做了決定，那根本就是一瞬間的事。謝謝你告訴我原因，讓我知道我爲什麼會做那個決定，這樣我老婆就不會再生我的氣了。」

在我多年的職涯中，聽過了太多這種當機立斷的故事。我有一位客戶才剛開車出門去上班，不到幾分鐘，突然又掉頭回家。到家後走進家門，他才發現廚房的洗碗機後方開始失火了。幸好他有回家，才能即時打電話給消防隊來滅火，避免了一場祝融之災。我還有另一位客戶準備開車來一趟長途公路旅行，上路前她突然決定檢查一下輪胎。幸好她有檢查，因爲她在一顆輪胎上發現一根釘子，而她之前都沒注意到，否則好好的旅行可能就會變成一場災難。

如果要準確解讀人生並徜徉在生命之流裡，往往需要當機立斷，因爲你沒有太多時間用左腦去反覆思索每一個選擇。你可能常常感受到某種微弱的推力，彷彿在告訴你：「做這個。向前跨一步，繼續，移動。」當你開始注意這類徵兆，儘管徵兆起初很模糊、微弱，但只要你注意到了，那股感覺就會逐漸增強，最後變成難以忽略的訊息。當你極度專注時，內心會浮現更多訊息：「現在就去做。停下你正在做的事。現在不要這樣做。什麼都不要做。」

解讀人生是毫無邏輯可言的——至少不是馬上就能知道。當這個情況發生，你就會眞的知道自己是人生的掌舵者，跟隨你**現在**感受到的訊息吧！你就是在解讀能量；你就是在讀空氣；你就是在讀他人的心；你就是在解讀事情的眞相；你就是在解讀能量之流。如此，你便能優雅地徜徉於生命之流。你不需要埋頭思索，一切就會水到渠成。

只要大聲說出你的直覺感受，解讀人生的能力就會大幅提升。沒錯，這看起來像是在自言自語，的確如此，但不要在意。這個習慣會爲你帶來極大的轉變。當你承認當下的直覺，大聲說出口，你就是在證實這個感受。因爲既然說出口了，你也無法充耳不聞。你不需要遵從它（假如你有學會準確解讀的話，需要你在剎那間做決定的時候，你很有可能會當機立斷照做），等個一至兩週，你會接收到更多訊息，證明你之前的直覺是眞的有道理。

養成日常習慣，每天解讀人生

本書即將進入尾聲，我想要重新幫你複習一些重要的技巧，讓解讀人生深植在你的日常習慣裡。首先，先進入你的神聖場域，每當你想要深入解讀自己的人生、他人和使命時，都回到喘息之屋。這會訓練你吵雜的大腦安靜下來。經由鼻子呼吸，吐氣時像是要吹熄蠟燭，就能平靜你的大腦。這會讓你得以感知和聆聽身體內外的每一個意識，接收線索和指引。

接著，每天練習五到二十分鐘的冥想，可以進一步讓外在的雜音變得安靜，腦中的情緒獲得安撫。這能消弭恐懼、疑惑、焦慮、不安、他人的意見、需要認同的渴望、缺乏認同的恐懼、批判。這些都是雜音。冥想的時候，躁動不安的念頭都會隨著氣息被你吐出去。你也可以在觀想和冥想中聆聽指引，觀想和冥想會帶你踏上內在旅程，喚醒你的右腦和心之中心。

練習感恩也是有用的方法，它可以提升你的振動頻率和意識，讓你徜徉在生命之流裡。感恩是要你關注目前生活中的美好祝福。開口承認這些美好的祝福，會創造一種內在的頻率，邀請更多美好的祝福進入你的生命。當你心懷感恩，這股高頻能量便能帶著你去迎接更多的美好。

去大自然中散步，請求你的靈魂指引你。散步的時候，觀察出現在你面前的事物，開口說出來。「前面有一台紅色的車。有一隻藍鴝。有一個垃圾桶。有一隻狗在吠。有小孩在玩耍。」這個技巧能訓練你更活在當下。另外，大自然也能平靜你的身心，安撫你的神經系統，幫助你在那個當下感到更安心。

藉由一場小冒險，訓練自己信任直覺的衝動。主動離開家門，隨意散步，不預設目的地，跟隨內在指引帶領你去各種地方。不管是住在倫敦還是巴黎的時候，我每一天都會這麼做。這聽起來很美好，不是嗎？說眞的，這的確很美好！我走出家門時，會在心中想著要探索新的事物：新的社區、新的街道、新的商店和公園——即便我走的路是之前走過了的。

這個習慣能訓練你的外在感知變得更敏銳、更有覺察力，如同我在第八章提到的非洲獵遊的追蹤員一樣，他是如此熟練地用所有感官去掃描周遭環境。而你，每一次踏出家門後，也能成爲自己人生中的追蹤員。這是非常棒的練習。

我也建議你養成寫日記的習慣。爲此，我特別創作了一本《信任你的直覺引導式日誌》（*Trust Your Vibes Guided Journal*），幫助你開始覺察這些細微的感知，鍛鍊你的外在感官。如果你需要具體的指南，協助你覺察這些細微感知，那麼這本日誌非常適合你。

最後，慢慢來，開始學習帶著正念去覺察你每一天所做的決定。做任何決定之前，先問問自己：「這件事有符合我的靈魂渴望嗎？這件事有給我眞實的感覺嗎？這讓我有共鳴嗎？」如果沒有，就改變想法，改變方向，甚至改變地點——改變任何需要改變的，校準你的靈魂！抽身離開，斷開連結，重整自己。越是練習這件事，你就越能解讀人生，「做出創造美好人生的決定」就會變成你的本能反應。當它變成你的本能反應，你的人生就會變得更加燦爛豐盛。

準確解讀人生說到底就是察覺眼前表象之下隱藏的眞相，並回應這個眞相。當你如此解讀人生並主動回應時，你會感覺到自己被祝福。剎那間，你等待已久的人生、渴望活出的人生，就會變成你**此刻**正經歷的人生。解讀人生並徜徉在生命之流裡乃是最棒的活法，就我個人認爲，這也是唯一的活法。你越是嘗試去做這件事，你就會同意我的看法了。

主動觀察人生，而非被動接收

就在幾天前，我的客戶起床時突然有一種糟糕、可怕的感覺，沒有任何原因。她不知道自己爲什麼會這麼悲傷、焦躁，但她知道有什麼事情不對勁，而她被影響了。當她跟自己承認這個感覺屬於某個地方的某人之後，她的焦躁不安就消散了。

當天稍晚，她八年前的前男友打電話過來，心碎不已地告訴她，他們曾經養過的狗，那隻她很疼愛卻不得不因爲分手而道別的狗，剛剛過世了。她說：「我就知道。只是我當時不知道是我親愛的狗狗過世，但我知道有什麼痛苦的事情正在發生。我感應到的是我前男友的痛苦。那個痛苦不屬於我。靠著承認這個感覺，我沒有允許這股能量投射攻擊我的神經系統、重創我，而我也在能量上準備好接收這個消息。」

假如你跟我的客戶一樣容易共感他人的狀態，除了能解讀能量之外，還很容易吸收周遭人事物的能量的話，那麼正是關閉一點能量大門的時候了。如果你允許這些能量進入，它們就會消耗你的身心，而且速度會非常之快。

例如，跟剛失業、剛分手、剛發現自己有嚴重疾病的人相處時，你會接收到他們的能量，讓你感到精力耗竭，跟他們一樣低潮。又或者，假如你附近有人正在吵架，就算是陌生人，你也會下意識吸收到他的怒氣，會感覺自己也準備好開戰。如果你沒有意識到這點，就可能不知不覺被捲入其中了。

那些極爲擅長解讀人生的人，都是共感者和高敏感人。假如你沒有學會分辨感應到的訊息，沒有去識別這些能量如何影響你，這種特質就成了困擾。避免這種困擾的方式就是觀察能量，而非吸收能量。深呼吸，讓能量流過，不要緊抓不放。如果這股能量企圖纏著你，就跟自己承認你的感覺，覺察到它不屬於你，也不是你在執著於它，接著去沖個澡或散散步。讓能量流過。你甚至可以在吐氣釋放時說：「這不屬於我。」

解讀能量是一回事，但被能量淹沒又是另外一回事。這並不是我們要的，這也不需要發生。我們要解讀能量的流動，但當能量太洶湧時，請退到一旁。解讀人生的一個環節就是辨識和拒絕不屬於你的能量，辨識與拒絕造成你身心不安的能量。解讀人生很棒，但沒必要因此受苦。話說得容易，但假如你的共感力很強、對能量敏感，總是吸收到周圍的能量，那就沒那麼簡單了。

舉例來說，如果你突然發現自己非常低落難過，你也不知道原因，那麼你有可能不是在觀察能量，而是吸收到能量了。先承認現在的感受，再清楚認知到這個感覺不是你。一旦你這麼做，它就不再影響你了——至少影響的程度會降低許多。在當天接下來的時間都保持覺察，觀察是什麼影響了你的感受，可以的話就大聲說出來，這會讓那股能量持續流動。

動筆記錄或是錄音記錄你的直覺解讀和感受，能驗證並增強你的內在感應。這還能快速訓練你的潛意識和小我去尊重內在感應，並意識到內在感應就跟外在感知一樣可信。這也能幫你省下心力，不用處理那些因爲沒有用心聆聽，而以笨拙的方式爆發出來的龐大躁動能量。只要我們願意去聆聽那些感受到的精微能量，爲那些沒有好好聆聽而無處可去的能量找到出口，我眞心相信每一個人都可以解決世界上的諸多衝突。

解讀人生及解讀生命的所有面向，是個開放的系統。它不只是接收周遭的能量，也是引導能量流向通往美好人生的方向，流向讓你全然安住當下、與之共鳴的方向，好讓你可以在接收到指引時迅速行動。這套精密又準確的開放系統，能讓你更加優雅地過生活。解讀人生讓你不再那麼恐懼、疑惑，讓你不再浪費心力或陷入困境。你會徜徉在生命之流裡安時處順，讓它帶領你體驗人生中最美好的事物。思考會變成幫你做決策的輔助工具，但不是讓你像倉鼠一樣在輪子裡打轉。你不再需要埋頭苦思了。你會**感覺**到它，並且它會以清晰的方式浮現在你眼前。

而且假如你發現自己正費力釐清某件事，你也會意識到該暫停一下，讓事情自然鋪展開來。只要你將注意力從手機、雲端、過去或未來抽離出來，你就會接收到指引，帶你踏出下一步。解讀人生就是我們的天賦本能。在這個變幻莫測的時代，如果我們還想要跟上世界的節奏，就不能再與現實脫節、自我麻痺或受限於左腦思維了。

更何況，又何必要這麼做呢？活在當下能享有太多好處了。創造力、覺察、連結、友誼等等，這些都能帶給你生命的意義、使命，讓你順著生命之流而活。不要對抗你的感應。不要對抗你自己。不要對抗你的天賦本能。從大腦跳脫出來，安住在你的心和靈魂裡。活在當下，接受這個事實：在這個時代，最好的生活方式就是解讀人生，解讀當下的每一刻，成為富有力量的共同創造者，做出能為你的人生負起百分之百責任的決定。

這是個瘋狂的決定。雖然小我可能會害怕，但你的人生很快就會翻轉，頻率會迅速提升，而你在他人眼中就會是那個幸運的人。你能順勢而行，徜徉於生命之流，並在正確的時間處於正確的地點，遇見正確的人和事件。如此，最好的自己便能創造、連結並感到安定。更重要的是，它能讓你安住在當下，連結你的心和真實的自己。

結尾的祝福

謝謝你閱讀本書，思索這些觀念，敞開了心靈，允許更廣闊、多重次元的自己能夠領你前行。我們每一個活出靈魂本質的人，都會無聲地邀請與我們同樣的人來到我們身邊。而當有越來越多人開始準確地解讀人生，與靈魂同步流動，真誠地連結你我，那些源自於誤解自己與他人的問題就會開始消弭殆盡。我們會以更健康、更快樂、更真誠的方式，發自內心地連結自己、他人、群體和這個地球，讓我們懷抱希望，迎接更美好的未來。那就會是終於回到家了的感覺。

桑妮雅

獻上我所有的愛！

人生路徑隨時校準：與你的靈魂對齊，宇宙傳訊不漏接，預知自己和他人的未來走向 / 桑妮雅．喬凱特 (Sonia Choquette) 著；范章庭譯. -- 初版. -- 新北市：橡實文化出版：大雁出版基地發行, 2025.08
面；　公分
譯自：Read life accurately : recognize and respond to what's really happening
ISBN 978-626-7604-73-1（平裝）

1.CST: 超感知覺　2.CST: 意識　3.CST: 自我實現

176.28　　114008016

BC1146

人生路徑隨時校準：
與你的靈魂對齊，宇宙傳訊不漏接，預知自己和他人的未來走向
Read Life Accurately: Recognize and Respond to What's Really Happening

作　　者　桑妮雅．喬凱特（Sonia Choquette）
譯　　者　范章庭
責任編輯　田哲榮
協力編輯　劉芸蓁
封面設計　斐類設計
內頁構成　歐陽碧智
校　　對　蔡昊恩

發 行 人　蘇拾平
總 編 輯　于芝峰
副總編輯　田哲榮
業務發行　王綬晨、邱紹溢、劉文雅
行銷企劃　陳詩婷
出　　版　橡實文化 ACORN Publishing
地址：231030 新北市新店區北新路三段 207-3 號 5 樓
電話：02-8913-1005　傳眞：02-8913-1056
網址：www.acornbooks.com.tw
E-mail 信箱：acorn@andbooks.com.tw
發　　行　大雁出版基地
地址：231030 新北市新店區北新路三段 207-3 號 5 樓
電話：02-8913-1005　傳眞：02-8913-1056
讀者服務信箱：andbooks@andbooks.com.tw
劃撥帳號：19983379　戶名：大雁文化事業股份有限公司

印　　刷　中原造像股份有限公司
初版一刷　2025 年 8 月
定　　價　480 元
I S B N　978-626-7604-73-1